T0148122

Printed in the United States
By Bookmasters

تنمية مهارات

الاتصال والقيادة الإدارية

تنمية مهارات
الاتصال والقيادة الإدارية

الدكتور

هاشم حمدي رضا

الطبعة الأولى

2010م/ 1431هـ

المملكة الأردنية الهاشمية

رقم الإيداع لدى دائرة

المكتبة الوطنية (2009/6/2317)

302.4

رضا، هاشم

تنمية مهارات الاتصال والقيادة الإدارية/ هاشم حمدي رضا

عمان: دار الراية، 2009

)ص

. أ : 2317/ 6 / 2009

ردمك: ISBN 978-9957-499-79-2

الواصفات: / الاتصال // الاتصال الجماهير ي

❖ أعدت دائرة المكتبة الوطنية بيانات الفهرسة والتصنيف الأولية

دار الراية للنشر والتوزيع

الأردن-عمان

شارع الجمعية العلمية الملكية - المبنى الإستثماري الأول للجامعة الأردنية

هاتف: 5338656 فاكس:96265348656+

ص.ب: 2547 الجبيهة- الرمز البريدي 11941 عمان- الأردن

Email:dar_alraya@yahoo.com

المحتويات

الفصل الثالث

مهارات إدارة التغيير

الفصل الرابع

مهارات الإدارة في الأزمان

الفصل الخامس

مهارات الإدارة في الاتصال

الفصل السادس

مهارات الإدارة في اتخاذ القرارات

الفصل السابع

اشتراك العاملين في الإدارة

الفصل الثامن

مهارات الإدارة وفن القيادة الإدارية

الخاتمة

المراجع والمصادر

مقدمة

تقوم العملية الإدارية على مجموعة من العناصر والوظائف أجمع عليها الكتاب والمفكرين ورجال الإدارة بأنها أربعة عناصر أو وظائف متكاملة هي التخطيط والتنظيم والتوجيه والرقابة، أما وظيفة التخطيط فهي تشمل فيما تشمل وضع وتحديد الأهداف والسياسات والإجراءات أما عملية التنظيم فتشمل على اختيار الأفراد وتعيينهم ورسم الهيكل التنظيمي للمؤسسة وتوزيع السلطات والمسئوليات والصلاحيات ثم تأتي وظيفة التوجيه والتي تشمل التنسيق بين عناصر العمل واتخاذ القرارات الإدارية وتحديد عمليات الاتصال ثم القيادة الإدارية بعدها تأتي وظيفة الرقابة والتي تعني مراقبة أداء المؤسسة والعاملين وفق الخطط الموضوعة ووفق التنظيم المرسوم والتوجيه المتبع ولما كانت وظيفة التوجيه تعني الاهتمام بإصدار الأوامر واتخاذ القرارات وتحديد خطوط الاتصال والقيادة الإدارية والإشراف ونظراً لأهمية الاتصال في داخل المنشأة وبين مستويات الإدارية المختلفة وبين الإدارة وعملاء المنشأة ولما كانت القيادة الإدارية السليمة من أهم عوامل نجاح العمل لذلك قصرنا موضوع كتابنا على أهم موضوعات التوجيه وهو الاتصال والقيادة الفعالة وكيفية تنمية مهارات رجال الإدارة العاملين في عملية الاتصال ثم كيف يلعب القادة الإداريين الدور الرئيسي في إنجاح العمل فجاء عنوان كتابنا تنمية مهارات الاتصال والقيادة الإدارية. وهذا بالطبع سيقودنا في الحديث خلال هذا الكتاب إلى دراسة المدخل الشمولية والمفهوم المتكامل للعملية الإدارية والتعرف على وظائفها وعلى فلسفة الإدارة وعلى مهارات التخطيط الاستراتيجي وكيفية تنمية مهارات السيطرة على الوقت ومهارات إدارة الأزمات ومهارات إدارة التغيير والتفكير الابتكاري والإبداعي لمواجهة مشكلات العمل وبالتالي سيقودنا إلى الحديث عن دور المدير الفعال والقائد الفعال والفرق بين المدير والقائد والتكامل بينهما ومقومات الرؤية المستقبلية للمدير العام ثم عملية اتخاذ القرارات ثم مهارات الاتصال

والقيادة الإدارية وخصوصاً الاتصال الفعال وفلسفته ومهاراته ومكونات عملية الاتصال ودورها في العملية الإدارية وأساليب الاتصال ومعوقات الاتصال والمهارات الفنية واللغوية للاتصال الكتابي في العمل والقراءة والاستيعاب في العمل حيث سيلم كتابنا هذا بموضوعات شاملة عن العملية الإدارية وخصوصاً عملية الاتصال والقيادة الإدارية.

نأمل أن يجد القارئ ما يفيده خصوصاً إذا كان ممن يقومون بأعمال ومناصب إدارية في منشآتهم.

الكاتب

الفصل الأول

المدخل الشمولي والمفهوم المتكامل للعملية الإدارية

الفصل الأول

المدخل الشمولي والمفهوم المتكامل للعملية الإدارية

العملية الإدارية عملية شاملة ومتكاملة تجمع بين مجموعة من العناصر والوظائف المختلفة وهي التخطيط Planning والتنظيم organizing والتوجيه Directing والرقابة Monitrolling ويرى البعض عنصر خامس وهو التنسيق Co-ordinating إلا أننا نرى أن التنسيق هو من ضمن العنصر الثالث للعملية الإدارية وهو التوجيه حيث أن التوجيه يقوم على التنسيق بين أفراد التنظيم وبيان كيفية إصدار الأوامر وخطوط الاتصال داخل المنشأة وبين المنشأة وخارجها وعملية اتخاذ القرارات وتدريب العاملين ولذلك فالعملية الإدارية عملية متناسقة تعمل كعجلة تدور لتشمل التخطيط والتنظيم والتوجيه والرقابة، ولا يمكن اعتبار أي من هذه العناصر أول أوآخر العملية الإدارية بل إنها تدور كما تدور العجلة وبالتالي ليس بالضروري ترتيبها وفق ما ذكرنا. تلك هي العملية الأولى.

مفهوم العملية الإدارية

تقوم العملية الإدارية على مجموعة من الخصائص والعناصر والوظائف المتشابكة مع بعضها البعض لتكون معا ما يسمى بالعملية الإدارية فإي مشروع أو منظمة إنما يكون على رأس كيانه عملية هامة هي العملية الإدارية والتي تدور كما تدور العجلة وتضم مجموعة من العناصر والوظائف وهي التخطيط والتنظيم والتوجيه والرقابة. ويشمل كل عنصر أو وظيفة من هذه الوظائف وظائف فرعية تكمل العملية الإدارية وهناك من يرتب العملية بالتخطيط أولاً وبالتنظيم ثانياً، وبالتوجيه ثالثا، وبالرقابة رابعاً وهناك من يضيف إلى التوجيه وظيفة اسمها التنسيق بينما يرى البعض

15

أنه لا يجوز لنا أن نعتبر أن العملية الإدارية تبدأ بالتخطيط وتمر بالتنظيم، ومن ثم التوجيه (والتنسيق) لتصل إلى الرقابة بل إن العملية الإدارية في وظائفها الرئيسية ووظائفها الفرعية المنبثقة عن الوظائف الرئيسية يشبه عجلة تدور فيمكن أن يكون أولها التخطيط ولكن سرعان ما يصبح آخرها التخطيط أو أن أولها التنظيم وسرعان ما يصبح آخرها التنظيم وهذا ذلك لأنها عملية دائرية تشبه العجلة التي تدور وتدور معها الوظائف والعناصر والوظائف الرئيسية ويضعون لهذه الفلسفة في النظر إلى العملية الإدارية الشكل التالي الذي يبين دائرية عملية الإدارة على النحو التالي:

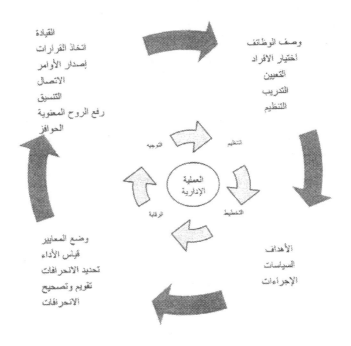

شكل عجلة العملية الإدارية

يبين العناصر والوظائف الأربعة والوظائف الفرعية التي تكونها وكيف أنها تدار كالعجلة حيث يمكن أن تبدأ من أي نقطة.

والعملية الإدارية نشاط مستمر فهي لاتبدأ بوظيفة وتنتهي بوظيفة بل أن

عناصرها ووظائفها مستمرة ولنلاحظ الشكل التالي:

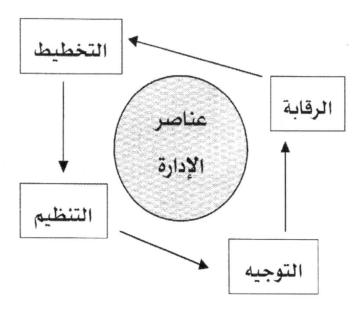

من الشكل أعلاه نجد أن الإدارة عملية مستمرة تبدأ بالتخطيط ثم التنظيم ثم التوجيه ثم الرقابة ثم تعود إلى التخطيط والتنظيم وهكذا.

فالتنظيم يكشف عيوب التخطيط لنعود ونعدل الخطط والتوجيه يكشف عيوب التنظيم أو التخطيط لنعود بعملية التنظيم من جديد أو نعمل على تعديلها على الخطط كذلك والرقابة تكشف عيوب التوجيه والتنظيم والتخطيط وهكذا فالإدارة عملية مستمرة.

نستنتج مما سبق أن وظائف أو عناصر الإدارة (العملية الإدارية) هي أربعة وظائف أو عناصر رئيسية وهي:

1. التخطيط Planning.

2. التنظيم Organizing.

3. التوجيه Directing.

4. الرقابة Monitrolling.

والمدير الناجح هو الذي يتعامل مع هذه العناصر باستمرار.

التخطيط[1]

يقوم التخطيط على عمليات تحديد أهداف المنشأة ورسم السياسات وتكوين خطط العمل وقد تتكون الخطة الرئيسية من خطط فرعية لتكون في مجموعها الخطة الرئيسية لتحقيق الأهداف والتخطيط يعتمد على التنبؤ بالمستقبل لأن التنبؤ بالمستقبل من خلال الإحصاءات والأرقام المحاسبية المختلفة والظروف الاقتصادية السائدة يحدد الأهداف، ويساعد في رسم السياسات، والتخطيط قد يكون لفترة قصيرة أقل من 6 شهور ويسمى بالتخطيط القصير الأجل، أو أكثر من 6 شهور ولعدة سنوات، ويسمى بالتخطيط الطويل الأجل ، والتخطيط طبعاً مرتبط بالأهداف المنشودة، وعلى ضوء التخطيط يتم اتخاذ القرارات الإدارية السليمة والانتقال إلى الوظائف التالية من العملية الإدارية والمدير الناجح هو الذي يحدد أهدافاً واضحة ويرسم سياسات مقبولة له.

التنظيم

ويعني التنسيق بين مقومات الإدارة المختلفة وهي العمال والآلات ورأس المال والمواد الخام حيث يتم جمعها والتنسيق بينها من خلال رسم الهيكل التنظيمي للمؤسسة وبيان خطوط الاتصال وتحديد نطاق الإشراف ووضع الرجل المناسب في المكان المناسب وتحديد خطوط السلطة وحجم المسؤولية وإيجاد التوازن والتكافؤ بين السلطة والمسؤولية وإذا كان التنظيم سليماً ومدروسا يسهل على الإدارة عملية التنفيذ والتوجيه

(1) مبادئ الإدارة، د.فيصل فخري مراد، الجامعة الأردنية، عمان، الأردن، 1983، ض 30.

والرقابة وإذا لزم الأمر تعديل الخطة لتتلاءم مع الواقع وبحيث لا تكون الخطة خيالية أو وهمية. والمدير الناجح هو الذي يستطيع أن يختار الرجل المناسب في المكان المناسب، ويكشف معوقات انسياب العمل والاتصال ويحقق التوازن بين السلطة والمسؤولية.

التوجيه

بعد أن يتم تحديد الأهداف ووضع الخطط وإيجاد رأس المال والعمال والموقع والآلات وتنظيم هذه العوامل لبدء العمل يأتي دور التنسيق بينها.

فالتوجيه: يعني توجيه العمال نحو الأهداف المحددة والخطط المرسومة وفق السياسات المبينة ورسم طرق العمل الصحيحة لهم والتنسيق بينهم وإرشادهم وتحقيق التعاون بينهم ورفع الروح المعنوية لهم وتدريبهم وكشف أخطاءهم لتصحيحها لتحقيق أهداف المؤسسة. والتوجيه يعني إرشاد العمال لإنجاح خطط العمل من أجل تحقيق أهداف المؤسسة، والمدير الناجح هو الذي يحدد أين الخطأ في الوقت المناسب ليتم توجيه العاملين بسرعة ممكنة بغية عدم التأخر في إنجاز العمل وكذلك عدم الخطأ والانحراف على الأهداف.

الرقابة

الرقابة تأتي بعد التخطيط والتنظيم والتوجيه لكشف الأخطاء في العمل أو التأكد من أن العمل يسير وفق الأهداف المحددة والسياسات المرسومة، والرقابة تشتمل على الإشراف والمتابعة وقياس الأداء وتحديد معايير ملائمة للقياس ، إذ يجب أن يكون هناك معيار ملائم يعتبر مقياساً لأداء الأفراد مقارنة مع هذا المعيار ومن ثم تحديد الخطأ والانحراف من أجل تقديمه وتصحيحه وتصحيح مسار العمل. ومجالات الرقابة واسعة تغطي كل مجالات العمل الإداري، فهناك الرقابة على الإنتاج، والرقابة في مجال التسويق، وما إلى ذلك مما يغطي كل نشاطات المشروع.

السلطة والمسؤولية

السلطة authority

وتعني الحق في اتخاذ القرارات التي تحكم تصرفات الآخرين ولا تعني السلطة استعمال القسوة مع المرؤوسين لإجبارهم على إنجاز الأعمال الموكولة إليهم بل تعني إصدار الأوامر المعقولة والمحتملة للوصول إلى الأهداف المرجوة والمدير الناجح هو الذي يعرف كيف يصدر الأوامر ومتى.

مصادر السلطة

1. السلطة الشرعية بموجب حق الملكية أي مالك المنشأة أو مديرها المعين.

2. قبول المرؤوسين للسلطة، أي الموافقة على قبول المدير وأوامره.

3. السلطة الشخصية، وهي قدرة المدير على التأثير في الموظفين كونه مديراً محبوباً ومقبولاً وبالتالي يحمل صفات القيادة أي أن يكون قائداً، والمدير الناجح هو الذي يستطيع أن يكون قائداً لا مديراً.

تفويض السلطة Delegation of Authority

إن المدير الناجح هو الذي يعرف كيف ومتى يفوض جزء من سلطاته إلى الرؤساء والمشرفين، وتفويض السلطة هو توزيع حق التصرف واتخاذ القرارات في نطاق محدد وبالقدر اللازم لإنجاز مهمات معينة. وتفويض السلطة أمر أساسي في الهيكل التنظيمي للمؤسسة. ولا يعني تفويض السلطة التخلص منها أو التنازل عنها ولا يعني إعفاء المدير من مسؤوليته تجاه أعمال من يفوضهم، فالمسؤولية لا تفوض. والمدير

الناجح هو الذي يعرف كيف ومتى يفوض السلطة من أجل السرعة في إنجاز العمل والسرعة في اتخاذ القرارات والسرعة في تحقيق الأهداف.

مفهوم مركزية ولا مركزية السلطة :

ترتبط المركزية واللامركزية بتفويض السلطة أي أنه كلما زاد تفويض السلطة كلما زادت اللامركزية، والعكس صحيح، أي أنه كلما قل تفويض السلطة كلما زادت المركزية في الإدارة، والمركزية واللامركزية لكل منهما مزايا.

-مزايا المركزية في الإدارة:

1. تناسب المنشآت الصغيرة حيث نطاق العمليات محدودة.

2. تمكن من الاستفادة من خبرات المستويات التنظيمية العليا في المنشأة.

3. تؤمن درجة عالية من التنسيق بين كافة نشاطات المنشأة .

4. تساعد في توحيد السياسات في مستويات الإدارة ووحداتها كافة.

5. تخفف من الإجراءات الرقابية على الوحدات الإدارية

6. تزود المستويات الإدارية العليا بالقوة والمتانة.

ولكن المدير الناجح كما ذكرت هو الذي يحدد إذا كانت الإدارة يجب أن تكون مركزية أو لا مركزية.

-مزايا اللامركزية في الإدارة:

1. السرعة في اتخاذ القرارات.

2. تنمية القدرات الإدارية للعاملين في المستويات الدنيا.

3. زيادة رضا العاملين.

4. يمكن للمنشأة التي لديها وحدات إدارية في مناطق جغرافية متنوعة من اتخاذ

القرارات في ضوء الظروف المحلية.

وكما ذكرت فالمدير الناجح هو الذي يحدد متى تكون المركزية نافعة ومتى تكون اللامركزية أنفع للمشروع.

المسؤولية Responsibility

وتعني تعهد المرؤوس بالقيام أعمال أو نشاطات معينة معهودة إليه بأقصى قدراته والالتزام هو أساس المسؤولية وتنشأ من طبيعة العلاقة بين الرئيس والمرؤوس والرئيس يملك سلطة مطالبة المرؤوس بأداء واجبات معينة ومصدر هذه السلطة العلاقة التعاقدية التي بمقتضاها يلتزم المرؤوس بأداء واجبات معينة لقاء تعويض محدد. وهو مسؤول أمام رئيسه عن أدائه هذه الواجبات. وحيث أن السلطة تفوض فإن المسؤولية لا تفوض فالمدير الناجح يفوض سلطاته للآخرين ولكنه يبقى مسؤولاً عن تصرفاتهم لأنه لا يجوز تفويض المسؤولية.

ويجب تحقيق التوازن بين السلطة والمسؤولية.

السلطة = المسؤولية

أي أن الشخص يحاسب على أعماله بقدر السلطة الممنوحة له في التنظيم حيث أن هناك تكافؤ بين السلطة والمسؤولية.

المحاسبة Accountability

وهي مسائلة المرؤوس عن النتائج التي حققها من خلال المسؤولية وتفويض السلطة، والمحاسبة على عكس السلطة تتخذ شكلاً تصاعدياً في الهيكل التنظيمي للسلطة، تنساب من أعلى إلى أسفل وفق عملية التفويض، وبقدر ما يفوض من سلطة تكون هناك مسؤولية ومحاسبة عن النتائج وهذه المسؤولية أو المحاسبة تبدأ من قاعدة

الهرم التنظيمي حيث تصبح الإدارة الدنيا مسؤولة ومحاسبة أمام الإدارة الوسطى وهذه بدورها تكون مسؤولة ومحاسبة أمام الإدارة العليا، والمحاسبة يجب أن تكون بهدف كشف الأخطاء وتحديد الانحرافات من أجل العمل على تصويبها والسير بالاتجاه الصحيح، ولعل المدير الناجح هو الذي يضع برنامج لكشف الأخطاء قبل وقوعها أحياناً.

مفهوم الإدارة Management

الإدارة تعني قيادة جهود الأفراد وتحفيزها وضمان توجيه جهودها نحو تحقيق الأهداف.

والإدارة: نشاط ذهني يسعى بواسطة جهاز إداري إلى إنجاز الأعمال عن طريق استخدام العمال والآلات والأموال لتحقيق الأهداف التي أنشئت المؤسسة من أجلها. ويعرفها مانول بأنها خلاصة العملية الإدارية من تخطيط وتنظيم وتوجيه ورقابة. فالإدارة نشاط ذهني له أهداف من الناحية النظرية.

والإدارة جهاز إداري ينظم بين العمال والآلات والأموال لتحقيق الأهداف من الناحية العملية والمكانية لذا فالإدارة علم وفن: علم لأنها تقوم على نظريات ومبادئ الإدارة المعروفة والتي توصل إليها الخبراء والعلماء عن طريق البحث والتحري والدراسة على مر العصور[1].

وفن لأن المدير أو الجهاز الإداري يجب أن يستخدم مهاراته الشخصية والمكتسبة في تطبيق علم الإدارة. والمدير تتجاذبه وتشده عدة أطراف. فالعمالة يشدونه للحصول على أعلى أجر ممكن والمساهمون يشدونه نحوهم للحصول على أكبر ربح ممكن وكذلك أصحاب المشروع والمالكين. أما الحكومة والمؤسسات الرسمية فتشده نحوها

---

(1) الإدارة المالية، د. سيد هواري ، جامعة عين شمس، القاهرة، مصر، 1969، ص 25.

لتحصيل أكبر كم من الضرائب أما المستهلكين فيشدونه نحوهم للحصول على أفضل سلعة.

إذن المدير الناجح مشدود إلى عدة أطراف فلا يجب أن يميل إلى طرف على حساب الطرف الآخر بل عليه أن يقوم بجهوده وبأكبر كفاية ممكنة لتحقيق التوازن بين أهداف جميع الأطراف.

ومن هنا فإن للإدارة علاقة بعلوم وموضوعات مختلفة فهي على علاقة بعلم الإحصاء لأن الإحصاء يمد الإدارة بالأرقام والبيانات اللازمة لاتخاذ القرارات الإدارية السليمة. كذلك علاقة مع علم المحاسبة لأن الأرقام المحاسبية والميزانيات والقوائم المالية تعطي للمدير مؤشرات على سير العمل، كذلك على علاقة بعلم الاقتصاد، لأن الاقتصاد يقوم على العرض والطلب والتضخم والانكماش وغيرها من الموضوعات التي تؤثر في رسم السياسات وتحديد الأهداف للمشروعات وهي من صلب أعمال الإدارة. وكذلك علاقة مع القانون فكل تصرفات الإدارة تستند إلى القانون وبالتالي التشريعات المالية والعمالية.

لذا فعلى المدير الناجح أن يلم بمبادئ الإحصاء والمحاسبة والاقتصاد وأن يلم بالتشريعات المالية والعمالية السائدة في بلده. وأذكر بالدراسة والإحصائية التي عملتها إحدى الجهات المتخصصة في أمريكا حيث تبين لها من أن 88% من أسباب ضعف المشروعات يرجع إلى ضعف الإدارة.

إلا أن الإدارة في أي مؤسسة تتخذ شكل الهرم بحيث تتسلسل المستويات الإدارية المختلفة.

ففي قمة الهرم يكون مستوى الإدارة العليا وهو يتكون من رئيس مجلس الإدارة وأعضاء مجلس الإدارة والمدير العام ونائب المدير العام.

أما في وسط الهرم فتأتي الإدارة الوسطى وهي عبارة عن المدراء التنفيذيون مثل

24

المدير المالي ومدير المشتريات ومدير المبيعات ومدير التسويق وما إلى ذلك.

أما في أسفل الهرم فتأتي الإدارة الدنيا وهي عبارة عن رؤساء الأقسام والمشرفين والمراقبين ثم بعدهم العمال المهرة والفنيين والعمال العاديين.

ويمكن تصور المستويات الإدارية في الشكل الهرمي التالي:

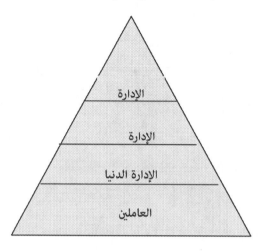

وصفة المدير الناجح تنطبق على كافة المدراء في قمة الهرم (الإدارة العليا) أو وسطه (الإدارة الوسطى) أو أسفل الهرم (الإدارة الدنيا) لأن لكل مدير دور في الهيكل التنظيمي للمؤسسة.

أما الشكل التنظيمي فهو يمثل المستويات الإدارية المختلفة ودوائر وأقسام المؤسسة كما يحدد خطوط السلطة ومواقع اتخاذ وتنفيذ القرارات الإدارية ويبين كيف يتم الاتصال بين المدراء بشكل عام وبين العاملين والمدراء[1].

وفيما يلي نموذج لهيكل تنظيمي على سبيل المثال

---

(1) الإدارة المالية، د. سيد هواري ، جامعة عين شمس، القاهرة، مصر، 1969، ص 15.

رئيس مجلس الإدارة
ومجلس الإدارة
المدير العام
المدير المالي
مدير المبيعات
مدير الموارد البشرية
رئيس قسم المحاسبة
رئيس قسم التخزين
قسم التسويق
قسم بحوث السوق
شؤون الأفراد
الشؤون الإدارية
محاسب
محاسب
أمين مستودع
عامل
بائع
موزع
باحث
باحث
الملفات
العلاقات
العلاقات العامة
السائق

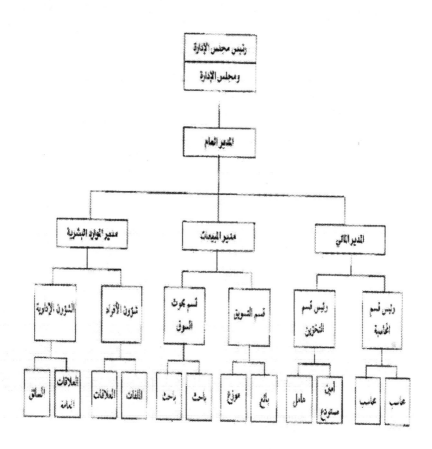

وفيما يلي نموذج آخر

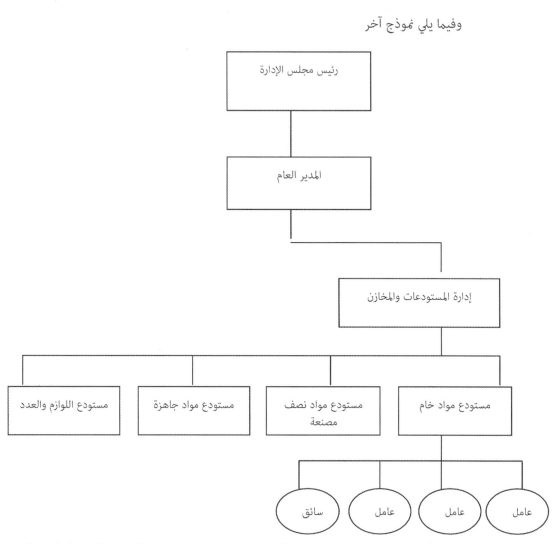

وقد ظهرت تعاريف عديدة ومختلفة للإدارة حسب راي مدارس الإدارة والفلسفة الإدارية وهناك من يرى ضرورة التفريق بين الإدارة كنشاط والإدارة كمكان والإدارة كأفراد.

فالإدارة كنشاط هي نشاط ذهني يهدف إلى التأليف والتوفيق بين عناصر الإنتاج المختلفة من أفراد (قوى عاملة) وآلات (معدات وماكنات) ورأس مال (أموال

27

المؤسسين والمالكين والمساهمين) ومعظم مدراء ومشرفين للوصول بالمنظمة إلى أهدافها المنشودة بأحسن أداء ممكن أي بأقل التكاليف وأقل وقت وأفضل وأجود إنتاج أو خدمات ممكنة.

أما الإدارة كمكان فهي ذلك البناء الذي يمارس فيه المدراء والمنظمين أعمالهم وفق تخصصاتهم فنقول الإدارة العامة أو المدير العام أو إدارة الإنتاج أو التسويق والمبيعات أو المالية وما إلى ذلك.

أما الإدارة كأفراد فهي تعني الأشخاص الذين يشغلون المكان ويقومون بالنشاط الذهني لممارسة عمل الإدارة لتحقيق أهداف المنشأة.

ومن التعاريف التي وردت في الإدارة نذكر:

يعرفها فريدريك تايلور رائد الإدارة العملية[1] بأنها "المعرفة الدقيقة لما تريد من الرجال أن يعملوه ثم التأكد من أنهم يقومون بعمله بأحسن طريقة وأرخصها".

ويعرفها هنري فايول بأنها "عمل يتضمن التنبؤ والتخطيط والتنظيم وإصدار الأوامر والتنسيق والرقابة".

ويعرفها سشتر برنارد بأنها "ما يقوم به المدير من أعمال أثناء تأديته لوظيفته".

أما جيمس موبي وآلان رايلي فيعرفان الإدارة على أنها "الشرارة التي تنشط وتوجه وتراقب خطة وإجراءات المنظمة".

---

(1) الإدارة أصول وأسس ومفاهيم، د. عمر وصفي عقيلي، دار زهران، عمان، الأردن، 1997، ص 12.

أما شيلدون فيعرفها "على أنها وظيفة يتم بموجبها رسم السياسات والتنسيق بين أنشطة المنظمة الرئيسية وهي الإنتاج والتوزيع والمالية وتصميم الهيكل التنظيمي لها والقيام بأعمال الرقابة على كافة أعمال التنفيذ".

ويعرفها وليم هوايت بأنها ":فن ينحصر في توجيه وتنسيق ورقابة عدد من الأفراد لإنجاز عملية محددة أو تحقيق هدف محدد".

ويمكن تعريف الإدارة بأنها "عملية استغلال الموارد المتاحة عن طريق تنظيم الجهود الجماعية وتنسيقها بشكل يحقق الأهداف المحددة بكفاية وفعالية وبوسائل إنسانية وضمن المشروعية وبما يساهم في تحسين حياة الإنسان سواء كان عضواً في التنظيم أو مستفيداً من خدماته وأيا كان المجال الذي نمارسه فيه"[1].

ومن التعريفات المعاصرة للإدارة نجدد أن هناك تعريفات كثيرة للإدارة صدرت عن علماء متخصصين في الإدارة وعلومها والسلوك التنظيمي ومهمة الإدارة .

ويمكن ذكر هذه التعريفات المعاصرة للإدارة[2] على النحو التالي:

يعرفها ميز ودوجلاس Massie and Douglas بأنها:

"العملية التي تقوم بموجبها مجموعة متعاونة بتوجيه أعمال آخرين نحو أهداف عامة".

(1) المفاهيم الحديثة في الإدارة، د.محمد قاسم القريوتي، ود. مهدي زويلف، دار الشروق، عمان، الأردن، 1993، ص 11.

(2) الإدارة الحديثة مفاهيم، وظائف، تطبيقات، مصطفى نجيب شاويش، دار الفرقان، عمان، الأردن، 1993، ص 30.

ويعرفها العالم سيسك (Sisk)بأنها:

"تنسيق جميع الموارد من خلال عمليات التخطيط والتنظيم والتوجيه والرقابة من أجل تحقيق أهداف محددة.

ويعرفها كرتنر Kreitner بأنها

"العملية التي يتم بموجبها العمل مع ومن خلال آخرين لتحقيق أهداف المنظمة بفعالية باستخدام الموارد المحدودة بكفاية في بيئة متغيرة".

ويعرفها كل من كونتز وأدونيل Koontz and O'Donnell بأنها

"خلق بيئة فعالة لأفراد يعملون في مجموعات ضمن تنظيم رسمي".

ويعرفها كل من دونلي وجبسون وايفانسيفيش Donnelly, Gobson and Ivancevich بأنها "تتبع نشاطات تولاها شخص أو أكثر من أجل تنسيق نشاطات الآخرين نعرض تحقيق النتائج التي يصعب تحقيقها من قبل شخص واحد".

والإدارة هي عملية توجيه وقيادة للجهود البشرية في أية منطقة لتحقيق هدف معين[1].

وهنا يجب أن نميز بين إدارة الأعمال Business Administration. والإدارة العامة Public Administration: فإدارة الأعمال هي الإدارة التي تقود منظمات الأعمال التي تهدف إلى الربح وتضم على رأسها إدارة عامة تتبعها إدارة متخصصة مثل إدارة التسويق وإدارة المبيعات وإدارة الإنتاج وغيرها. أما الإدارة العامة فهي التي تخص القطاع الحكومي الذي يهدف إلى تقديم خدمات عامة للجمهور بقصد تصريف الأعمال ربما مقابل رسوم أو ضرائب ولكن ليس بهدف الربح.

(1) الإدارة العامة، د. حسن أحمد توفيق، دار النهضة العربية، القاهرة، مصر، 1967، ص 5.

تشير كلمة الإدارة إلى العملية التي يتبعها المديرون لإنجاز الأهداف التنظيمية.

كما يشير إلى هيكل أو قالب تجميعي للمعلومات يقدم تصورات في كيفية إدارة العمل.

كما يمكن أن تكون الإدارة أيضا ذلك المصطلح الذي يستعمل ليحدد بدقة الأفراد الذين يوجهون ويرشدون المنظمات أو ليظهر بوضوح المهنة التي يمكن أن يتم تخصيصها لمهمة توجيه وإرشاد المنظمات.

والإدارة تعني مصطلح يشير إلى عملية الوصول إلى الأهداف التنظيمية من خلال العمل مع وبوساطة الناس ومصادر تنظيمية أخرى[1]. إن هناك بعض الاتفاق على أن الإدارة تتميز بالصفات الرئيسية الثلاثة الآتية:

1- أنها عملية (process) أو سلسلة من الأنشطة المستمرة أو ذات العلاقة.

2- أنها تشمل وتركز على الوصول إلى الأهداف التنظيمية.

3- أنها تصل إلى هذه الأهداف من خلال العمل مع ومن خلال الناس وعناصر تنظيمية أخرى.

وفيما يلي تعريفات معاصرة للإدارة[2]:

(1) الإدارة هي العملية التي تقوم بموجبها مجموعة متعاونة بتوجيه أعمال آخرين نحو أهداف عامة: (ميز ودوجلاس Massie and Douglas).

(2) العملية التي يتم بموجبها العمل مع ومن خلال آخرين لتحقيق أهداف لمنظمة بفعالية باستخدام الموارد المحدودة بكفاية في بيئة متغيرة. (كريتنر Kreitner).

---

[1] الإدارة الحديثة، مصطفى نجيب شاويش، دار الفرقان، 1993، عمان، الأردن، ص 30.

[2] Samuel C. Cetro, Principles of Modern Management Functions and Systems, Fourth Edition (Boston: Allyn and Bacon 1989) p. 8

(3) تنسيق جميع الموارد من خلال عمليات التخطيط والتنظيم والتوجيه والرقابة من أجل تحقيق أهداف محددة (سسك Sisk).

(4) خلق بيئة فعالة لأفراد يعملون في مجموعات ضمن تنظيم رسمي كونتز وأدونيل (Koontz and O'Donnell).

(5) تتبع نشاطات تولاها شخص أو أكثر من أجل تنسيق نشاطات الآخرين بغرض تحقيق النتائج التي يصعب تحقيقها من قبل شخص واحد. (دونلّي، جبسون، وايفانسيفش: Donelly, Gibson, and Ivancevich) فالإدارة كنشاط: هي عمل ذهني لتسيير أعمال المنظمة.

أما الإدارة كمكان فهي المكاتب التي يعمل من خلالها المدراء ورؤساء الأقسام والمشرفين.

فيقال إدارة المحاسبة أو إدارة المشتريات أو إدارة المبيعات إشارة إلى تخصص رجال الإدارة ضمن مكتب يقال له الإدارة إدارة كذا... أو كذا وهكذا.

أما من ناحية الأفراد الذين ينفذون العمل الإداري فتسمى الإدارة حسب نشاطهم فيقال مثلا إدارة الأفراد نسبة إلى العاملين في الإدارة التي تشرف على الموارد البشرية مثلاً.

ويقال الإدارة المالية: نسبة إلى المدير المالي ومساعدوه والمحاسبين والمدققين الذين يسيّرون الأعمال المالية في المنشأة.

أما الإدارة من ناحية طبيعة الهدف والنشاط فيقال الإدارة الخاصة أو إدارة الأعمال Business Administration نسبة إلى الإدارة التي تعمل في مجال الربح أن ترى مشاريع خاصة هدفها الربح مثل شركات المقاولات والإسكان ومتاجر المواد

الغذائية والملابس وشركات الكمبيوتر والاستيراد والتصدير والمصانع الخاصة والمدارس والجامعات الأهلية الخاصة وما شابه ذلك.

أما النوع الآخر من الإدارة حسب طبيعة النشاط فهي الإدارة العامة فيقال مثلا وزارة العمل، أو وزارة التخطيط إشارة إلى هذه الوزراة تدار من قبل الوزير والموظفين ليس لأغراض الربح وإنما لأغراض الخدمة العامة. ويمكن أن تكون هناك شركات عامة أي تساهم الدول فيها بالكامل أو في أكثر من نصف رأسمالها من أجل خدمة الناس أو خدمة الاقتصاد الوطني ويقال لها الإدارة العامة Public Administration ولكن هنا يجب أن لا يختلط علينا مفهوم كلمة الإدارة العامة كنوع من النشاط الإداري في حال التفريق بين الإدارة الربحية (إدارة الأعمال) وإدارة المنفعة العامة (الإدارة العامة) وبين الإدارة العامة في أي مشروع خاص ربحي. فهناك مثلاً في كل مشروع ربحي خاص إدارات متخصصة مثل المشريات والمبيعات والمالية والأفراد والمحاسبة والمخازن وإدارة أعلى من هذه الإدارات تقودها جميعا تسمى الإدارة العامة. فهي عامة لأن الذي يرأسها المدير العام ومساعدوه ونوابه وربما رئيس مجلس الإدارة بالرغم من أن هذه الإدارة هي إدارة ربحية لأنها تسير مشروع أو منظمة أو منشأة ربحية وتقع عادة كما ذكرنا في قمة الهرم الإداري أو في مستوى قمة الهرم أو المستوى الأعلى والذي يقود باقي المستويات الإدارية من وسطى ودنيا وعاملين.

ومن خلال التأمل في التعريفات حول الإدارة يمكن أن نفهم ما يلي:

1- ركز المفكرون في تعريفهم للإدارة على تحليل العمل الإداري للمدير إلى وظائف يطلق عليها تسمية العملية الإدارية أو وظائف الإدارة أو وظائف المدير.

2- الإدارة هي بمثابة الروح المحركة من خلال وظائفها لعناصر الإنتاج والعمل داخل المنظمة فهي التي تخطط وترسم وتوجه وتراقب من أجل تحقيق الأهداف المنشودة.

3- هناك اتفاق على أن الإدارة عملية تتضمن وظائف أساسية هي التخطيط والتنظيم والتوجيه والرقابة والتنسيق في العملية الإدارية.

4- الإدارة نشاط متخصص يقوم به المدير فقط أيا كان مستواه الإداري ومجال عمله داخل المنظمة وهذا يختلف عن عمل المنفذ أيا كان طبيعة عمله فني أو خدمي.

5- الإدارة عمل منظم بعيد كل البعد عن العشوائية والتخبط.

6- تسعى الإدارة دوماً لتحقيق هدف محدد وتعمل على توجيه جهود العاملين وسلوكهم لأجل تحقيق أهداف المنظمة.

7- الإدارة تعني الإشراف على مجموعة من الناس لا يقل عددهم عن شخصين ويمكن أن يصلوا إلى مئات أو ألوف.

8- تتضمن العملية الإدارية الكفاية والفاعلية وتعرف الكفاية بأنها محاولة الوصول إلى الهدف المنشود داخل التنظيم بأقل كلفة ممكنة وأقل جهد وأسرع وقت. بينما يقصد بالفاعلية الوصول إلى أفضل نوعية ممكنة من الإنتاج والسلع أو الخدمات المقدمة.

9- يجب أن تبتعد الإدارة العلمية كل البعد عن جميع أنواع الظلم وأن تؤمن بإنسانية الإنسان والعلاقات الإنسانية لها أثر جيد وإيجابي على المناخ التنظيمي الذي يسود المنظمة وعلى الإنتاج.

34

10- لا بد أن تكون الوسائل المتبعة في تحقيق الأهداف مشروعة ولا بد للوسائل أن تكون نظيفة.

11- يستخدم مصطلح الإدارة بعدة طرق وهي:

- الإدارة بمعنى مدير أو مديرة Manager.

- الإدارة بمعنى جهاز أو نظام إداري Management system.

- الإدارة بمعنى فعالية Activity أو وظيفة Function .

12- الإدارة قد تكون علم له قواعده وأصوله وقد تكون فن لأنها تعتمد على مهارات المدراء وبالتالي فهي خليط بين العلم والفن ويمكن أن يقال أنها علم وفن لأنها تعتمد على مبادئ وأسس علمية وعلى مهارات فنية إدارية قيادية لشخص المدير فهي علم وفن في آن واحد.

13- ترتبط الإدارة بعلوم كثيرة تعتمد عليها وتتفاعل معها مثل علم الاجتماع وعلم النفس وعلم الاقتصاد وعلم القانون وعلم المحاسبة والعلوم السلوكية المختلفة لذا فالإدارة تعمل من خلال مختلف العلوم الإنسانية والاجتماعية وتتفاعل معها ويلزم المدير نوعين من المهارات المهارات الإدارية والمهارات الفنية.

14- من خلال تعاريف الإدارة المختلفة والتأمل فيها نجد أن العملية الإدارية تعتمد على مجموعة من العناصر هي:

أ. التخطيط Planning.

ب. التنظيم Organizign.

ج. إدارة الموظفين (الأفراد) staffing.

د. التوجيه Directing.

ه. التنسيق Co-orginating.

و. كتابة التقارير والاتصالات reporting.

ز. إعداد الموازنات Budgeting.

15- ترجع أهمية الإدارة للأسباب التالية[1]:

أ. أن زيادة السكان وشح الموارد يتطلب الاستخدام الأمثل للموارد عن طريق الإدارة.

ب. اتساع حجم المنظمات وضرورة استخدام أعداد هائلة من القوى العاملة أو الموارد البشرية يستدعي وجود الإدارة وإدارة الموارد البشرية.

ج. بروز التشكيلات الثقافية التي تقودها قيادات فاعلة ظهرت حاجتها إلى القيادة والإدارة الفعالة لاستخدام العلم والقدرة على المنافسة.

د. تطلب القيام بمشاريع كبيرة وابتعاد المالك عن إدارتها الحاجة إلى الإدارة.

ه. الحاجة إلى التنسيق بين عوامل الإنتاج وقيادتها وزيادة فاعليتها.

و. شدة التنافس المحلي والدولي وتطور الإنتاج.

ز. تدخل الدول في الرقابة على المنظمات دعى للحاجة إلى الإدارة.

ح. التطور الفني والتكنولوجي الذي واكب الاقتصاد والأعمال.

16- الإدارة في فعالياتها تقسم إلى:

---

[1] أساسيات في الإدارة، د. سليمان اللوزي وآخرين، دار الفكر، عمان، الأردن، 1998، ص 16.

أ- الإدارة الاستراتيجية: وتشمل تحديد الملامح الأساسية للمنظمة ككيان وهذه تمثل مهمة أساسية للمالكين والمسؤولين عن المنظمة أي أنها جوهر مسؤولية مجلس الإدارة والذي تمثل حملة الأسهم أو المالكين.

17- الإدارة العملياتية: وتشمل تسيير الشؤون اليومية للمنظمة والتأكيد على تحقيق الاستراتيجية وتمثل الإدارة العملياتية جوهر مسؤولية الإدارة التنفيذية أي الإدارة العليا المسؤولة عن التنفيذ من تخطيط وتنظيم وتوجيه ورقابة.

الفعالية الإدارية

عندما يستخدم المدراء مواردهم يجب أن يكونوا فعالين وأكفاء في ذلك. وتعرف الفعالية الإدارية من وجهة نظر استعمال الموارد بمقدار تحقيق هدف المنظمة. ويجب أن تراعي الإدارة دائماً مركز المنظمة ومواردها وهذه الموارد أربعة أنواع هي:

- الموارد البشرية.

- رأس المال.

- المواد الخام.

- الآلات والمعدات.

وفيما يلي شكل يوضح كيفية تحويل موارد المنظمة إلى منتجات نهائية من خلال عملية الإنتاج.

| منتجات نهائية سلع وخدمات | ← المخرجات | العملية الإنتاجية | ← المدخلات | موارد المنظمة
- موارد بشرية
- رأس المال
- مواد خام |

الكفاية الإدارية:

وتعرف بأنها النسبة من موارد المنظمة البشرية والمادية التي تساهم في الإنتاجية أثناء عملية التصنيع فكلما كانت هذه النسبة عالية كلما كان المدير أكثر كفاية. وهذا ينطبق أيضا على الإدارة العامة والإدارة الوسطى أي المدراء ورؤساء الأقسام والإدارة الدنيا أي المشرفين والعاملين أنفسهم.

ولا بد من توافر ما يسمى بمهارات الإدارة. فموضوع موارد المنظمة لن تكون كاملة وذات معنى دون الإشارة إلى مهارات الإدارة. فالنجاح الإداري يعتمد بالدرجة الأولى على الأداء أكثر منه على الصفات الشخصية للمدير وهناك ثلاثة أنواع من المهارات الإدارية ضرورية لنجاح أداء الإدارة وهي:

1- مهارات فنية Technical skills.

2- مهارات إنسانية Human Skills.

3- مهارات فكرية Conceptual skills.

أما المهارات الفنية: فتشمل استعمال معارف متخصصة وخبرة في تنفيذ الأعمال مثل الهندسة وبرمجة الحاسوب والمحاسبة.

أما المهارات الإنسانية: فيشمل المقدرة على التعاون ضمن الفريق كما أنها تتعلق بموضوع الاتصال والعمل مع الآخرين.

أما المهارات الفكرية: فتشمل القدرة على رؤية المنظمة ككل فالمدير الذي لديه مهارات فكرية يكون قادراً على فهم كيف تعمل وظائف الإدارة المختلفة بعضها البعض وكيف ترتبط المنظمة ببيئتها وكيف يؤثر التغيير أو التحول في أحد أجزاء المنظمة على بقية المنظمة.

عمومية الإدارة:

إن مبادئ الإدارة عامة وشاملة بمعنى أنها تطبق في جميع المنظمات سواء أكانت منظمات أعمال مؤسسات حكومية أم مستشفيات أم جميعات وما إلى ذلك. وفي جميع المستويات الإدارية العليا والوسطى والدنيا لكن من الطبيعي أن تختلف وظائف المديرين بعض الشيء في كل من هذه المنظمات بسبب أن كل منظمة تتطلب استعمال معرفة متخصصة. كما أن كل منها توجد ضمن ظروف عملية وسياسية معينة كما تستعمل تكنولوجيا مختلفة.

لقد ذكر عالم الإدارة الفرنسي هنري فايول (Henri Fayol) أن جميع المديرين يجب أن يمتلكوا صفات معينة مثل الصفات الجسدية الجيدة، والصفات العقلية وغيرها. وقد ميّز البعض بين عمومية الإدارة وشموليتها، فعمومية الإدارة تعني أن المدير الكفؤ يمكنه إدارة أي نشاط من نشاطات المنظمة المختلفة فمدير الإنتاج يمكن أن يكون مديراً ناجحاً للإدارية المالية أو إدارة الأفراد وكذلك يمكنه إدارة أي منظمة بغض النظر عن طبيعة عملها.

بينما يقصد بشمولية الإدارة: أن الإداري يقوم بجميع وظائف الإدارة من عمليات تخطيط وتنظيم وتوجيه وتنسيق ورقابة بغض النظر عن المستوى الإداري في الإدارة إن كانت عليا أو وسطى أو دنيا وأياً كان موقع المدير في هذه المستويات.

والسؤال الذي يطرح نفسه:

هل الإدارة علم أم هي فن أم هي مهنة والجواب هو أن الإدارة علم وفن ومهنة.

فالإدارة علم لأن لها قوانين ثابتة وهي علم من العلوم الاجتماعية تقوم على الاستقراء والاستنتاج. كما أنها فن لأنها تعني فن المدير في استخدام العلم الإداري في موقف معين للحصول على أفضل النتائج، كما أنها فن لأن استخدام العلم الإداري يتوقف على كفاءة وخبرة المدير وفن لأنها تتطلب مهارات فنية ومواهب شخصية للمدير.

والإدارة مهنة: فالمهنة عبارة عن سلسلة مدركة ومتعاقبة من مواقف وسلوكيات الفرد. وقد اقترنت هذه المواقف والسلوكيات مع إنجاز العمل باستعمال خبرات ذات علاقة والقيام بنشاطات تكون قد تجمعت خلال الحياة العملية للفرد.

فالإدارة علم وفن معاً ولكنها مع التطور والتكوين والخبرات تصبح أيضا مهنة لها قواعدها وخبراتها.

أهمية الإدارة ودورها

للمدراء تأثيراً هاماً في المنظمات أو المنشآت الحديثة حيث نجد أن مدراء المصانع يديرون عمليات الصناعة في حين أن مدراء المبيعات يشرفون على أعمال البيع والتسويق وبالتالي فإن المجتمع لا يمكن تصور وجوده بالشكل الذي هو عليه دون أن يكون هناك مورد متدفق باستمرار من المديرين الذين يقومون بإدارة منظماته يقول بيرتر دريكر (Peter Krucker) [1] أن الإدارة الفعالة أصبحت وبسرعة العنصر الرئيسي في الدول المتقدمة. بالإضافة إلى كون الإدارة مهمة للمجتمع بشكل عام، فإنها

---

(1) Peter F.Krucker, "management's New People". Harvard Business Review (November)

حيوية وضرورية لعدد كبير من الأفراد الـذين يعتمـدون عليهـا في حيـاتهم. لقـد دلّـت الإحصائيات في الولايات المتحدة الأمريكية أن الوظائف الإدارية قد ازدادت نسبتها من 10% إلى 18% تقريباً من حجـم القوى العاملة منذ سنة 1950 ويمكن القول كذلك أنه بالإضافة إلى فهم أهميـة أن يكون الفـرد مديراً والمزايا المتعددة على ذلك. فإن على المديرين المنتظرين أن يعرفـوا مـاذا تستلزم مهمـة الإدارة. إن دور المديرين الأساسي هو توجيه المنظمات نحو تحقيق أهدافها. إن جميع المنشآت يتم إنشاؤها مـن أجـل غرض أو هدف وتقع على المديرين مسؤولية تجميع واستعمال الموارد التنظيمية في المنظمة لضمان قيام المنظمات بتحقيق غرضها. تقوم الإدارة بتسيير المنظمات نحـو أغراضها أو أهدافها بتحديد النشاطات التي يقوم بها الأفراد بإنجازها إذا تم تصميم النشاطات بفعالية فإن إنتاج كل فرد عامل في المنظمة يمثل مساهمة في تحقيق الأهداف التنظيمية لها. تسعى الإدارة إلى تشجيع النشاط الفردي الـذي يـؤدي إلى الوصول للأهداف التنظيمية، كما لا تشجع النشاط الفردي الذي يعوق الهدف التنظيمي، ليس هناك أي فكرة مهما كانت أكثر أهمية للإدارة من الأهداف. إذ لا معنى للإدارة بعيداً عن أهـدافها. إذ عـلى الإدارة أن تحتفظ بالأهداف التنظيمية في ذاكرتها دائماً.

علاقة الإدارة بالعلوم الأخرى

حيث أن الإدارة علم وأحد فروع العلوم الاجتماعية فإنها ترتهبط بكثير من العلوم الاجتماعيـة والإنسانية مثل علم الاجتماع فنقول علم الاجتماع الإداري أوعلم النفس فنقول علم النفس الإداري كما أنها ترتبط بالهندسة والاقتصاد والمحاسبة وعلوم كثيرة متعددة ويمكن أن نوجز هذه العلاقة كما يلي:

علاقة الإدارة بعلم الاقتصاد Management and Economic

يعرف علم الاقتصاد بأنه دراسة للنشاط الإنساني في المجتمع من وجهةنظر الحصول على الأموال والخدمات بهدف إشباع الحاجات المختلفة، ويبحث كذلك في حسن استغلال الموارد الطبيعية والبشرية المحدودة بأعلى درجة من الكفاية لإشباع الحاجات الإنسانية المتزايدة والعلاقة بين الإدارة والاقتصاد تظهر في ضرورة أن يكون المدير ذا عقلية اقتصادية حتى يمكنه عند قيامه بتوجيه جهود من يعملون معه أن يأخذ في اعتباره الدوافع الاقتصادية التي تحرك جهودهم من أجور وحوافز ومزايا مادية ورعايةصحية، كذلك المشكلات الاقتصادية المطلوب منه حلها سواء تلك الخاصة بالإنتاج والحجم الاقتصادي للإنتاج ومواضيع التسعير وتوفير رأس المال للإنتاج.

علاقة الإدارة بعلم النفس Management and Psychology

يعرف علم النفس بأنه العمل الذي يبحث في دوافع السلوك ومظاهر الحياة الفعلية الشعورية منها واللاشعورية أي أنه يدرس السلوك الإنساني ويستخدم الأساليب العلمية في دراسة نواحي نشاط الفرد واتجاهاته الذهنية والتوصل إلى أفضل الطرق لتحقيق الرضا والرخاء له. وبالتالي فإن العلاقة واضحة بين علم النفس والإدارة كونهما يتعاملان مع الإنسان ففي حين أن علم النفس يدرس الفرد واتجاهاته وسلوكه فإن الإدارة تعمل من خلال الفرد أو الجماعة وحتى يستطيع المدير تشجيع العاملين فإنه يستعين بنظريات وأبحاث علم النفس عن الأفراد واتجاهاتهم وميولهم وخصوصاً استخدام الحوافز في العمل ونجد هناك أيضا علم النفس الصناعي في تداخل بين الإدارة الصناعية وعلم النفس.

42

العلاقة بين الإدارة وعلم الاجتماع Management and Sociology

يهتم علم الاجتماع بدراسة الجماعات من حيث نشأتها وتطورها وتكوينها والعلاقات التي تنشأ بينها. والنظم الاقتصادية والعائلين ووسائل تقدم هذه الجماعات ونجاحها.

وبالتالي جاءت العلاقة بين الإدارة وعلم الاجتماع من حيث أن مجال اهتمام علم الاجتماع بالسكان تهم القائمين بإدارة المنظمات والمشروعات، حيث تعتبر الأساس الأول لدراسة الأسواق القائمة والأسواق المحتملة لتصريف السلع وخصائص هذه الأسواق. كما أن تركيب السكان والمجتمعات ودرجة التعليم والمركز الاجتماعي والمقدرة الشرائية ودوافع الشراء تهم علم الاجتماع وتهم علم الإدارة أيضا في نفس الوقت، وهذه الاهتمامات التي يبحثها علم الاجتماع تساعد رجل الإدارة أو مدراء المنظمات المختلفة على أنواعها ومستوياتها في تحديد ما يمكن أن يقوم بتصريفه في السوق. وخصائص هذه الأسواق ومدى النجاح الذي يتوقعه لإدارته فيها.

العلاقة بين الإدارة والعلوم الطبيعية والرياضية

Management and Natural science

يقصد بالعلوم الطبيعية والرياضية علم الفيزياء والكيمياء والأحياء والفلك والإحصاء والرياضيات وتبدو العلاقة بين الإدارة وهذه العلوم من خلال ظهور ما يسمى علم بحوث العمليات Operation research وهو علم رياضي فيزيائي اقتصادي، استفادت الإدارة من تطبيقاته.

كذلك فإن المدراء في المنظمات المختلفة على أنواعها ومستوياتها يقدمون على استخدام علم الإحصاء ونظرية الاحتمالات والمعادلات والنماذج الرياضية للتوصل

43

إلى قرارات رشيدة غالبا ما يتم اتخاذها في ظل ظروف تتسم بعدم التأكد بسبب نقص المعلومات والبيانات اللازمة لذلك.

كما أن للإدارة دور في مساعدة المدراء في مجال الإعلان التجاري من ناحية سلوك المستهلكين ودوافعهم النفسية ولها دور في التنمية الاقتصادية والاجتماعية والبيئية.

44

الفصل الثاني

وظائف الإدارة (عناصرها)

Management Functions (Elements)

الفصل الثاني

وظائف الإدارة (عناصرها)

Management Functions (Elements)

يمكن تحديد وظائف الإدارة أو عناصرها أي النشاطات التي تشكل عملية الإدارة (The Management Process) إلى أربعة وهي التخطيط والتنظيم والتوجيه والرقابة وتقدم فيما يلي عن كل من هذه الوظائف الأربعة:

التخطيط (Planning)

ويشمل اختيار المهام الواجب إنجازها من أجل تحقيق الأهداف التنظيمية وتحديد كيف يجب إنجازها ومتى يجب إنجازها حيث أن نشاط التخطيط يركز على تحقيق الأهداف. فيقوم المدراء ومن خلال خططهم بتجديد ما يجب عمله من أجل نجاح المنظمة وما هي السياسات الممكن أن تتبع وما هي الإجراءات اللازمة لتنفيذ الأهداف والسياسات.

إن المدراء يهتمون بنجاح المنظمات سواء في المدى القصير أو المدى الطويل .

التخطيط الاستراتيجي:

يعرف بأنه النشاط الإداري الذي يسعى لرسم الأهداف والخطط والبدائل اللازمة لتحقيق الأهداف بأقل التكاليف وأفضل الوسائل وأحسن أداء وأقل جهد ووقت ممكن. والتخطيط عملية إبداعية تعتمد على التفكير المنطقي والتنبؤ بالسوق واحتياجات العملاء والمستهلكين وتكمن أهمية التخطيط الاستراتيجي في جعل الإدارة

قادرة على التحكم في الأعمال والسلوكيات التي تتم في المنشأة وخلق بيئة مناسبة للعمل والتخطيط الاستراتيجي يساعد على تحقيق ما يلي:

1- العمل بروح الفريق.

2- تحقيق الأهداف المطلوبة بأقل التكاليف من المال والوقت.

3- الشعور بأهمية التكامل بين العاملين وأقسام المؤسسة.

والتخطيط يجب أن يكون منطقياً ومقبولاً وليس خيالياً كما يجب أن يعتمد التخطيط على بحوث السوق التي تقوم بها إدارة التسويق وتوقع المفاجآت والتغيرات التي قد تحدث مستقبلاً والاهتمام بعامل المنافسة من قبل المنشآت المنافسة.

والتحديد للمعلومات اللازمة وجمع المعلومات اللازمة قبل التخطيط الاستراتيجي يعتبر ضرورة أساسية ومن هذه المعلومات الضرورية لوضع الخدمة التسويقية أمام رجال البيع تقوم على ما يلي:

1- معرفة السوق المنوي الوصول إليه.

2- دراسة السوق من حيث التقسيمات والجاذبية والمنافسة.

3- دراسة المجتمع والمستهلكين.

4- دراسة عملاء المنشأة المرتقبين.

5- جمع معلومات وبيانات إحصائية وتحليلها.

التنظيم Organizing

يتم هنا تحديد الموظفين اللازمين لإشغال الوظائف المطلوبة ويتم تصميم الهيكل التنظيمي، فالتنظيم عبارة عن تعيين المهام التي سبق وتم تحديدها في عملية التخطيط للأفراد أو المجموعات المختلفة في المنشأة، فالتنظيم يوفر الآلية (Mechanism) لوضع الخطط موضع التنفيذ.

يقوم المنظم هنا بتحديد واجبات كل عامل وموظف ومدير في المنشأة من أجل المساهمة في تحقيق الأهداف ويتم تنظيم المهمات بحيث يساهم ناتج الأفراد في نجاح الأقسام. والتي بدورها تساهم في نجاح الإدارات ومن ثم المساعدة او المساهمة في نجاح المنظمة ككل.

التوجيه Directing

ويعتبر التوجيه ومن ضمنه التنسيق (Co-Ordinating) من الوظائف الأساسية في العملية الإدارية وهذه الوظيفة تشتمل على الحوافز والقيادة والاتصال وتهتم بشكل أساس بالأفراد داخل المنشأة.

ويعرّف التوجيه بأنه عملية إرشاد نشاطات أفراد المنظمة في الاتجاهات المناسبة. إن الاتجاه المناسب هو أي اتجاه يساعد المنظمة للتحرك نحو تحقيق الهدف. إذ أن الهدف النهائي للتوجيه هو زيادة الإنتاجية (Peoductivity).

الرقابة (Controlling)

والرقابة وهي الوظيفة الإدارية الرابعة كما ذكرنا يقوم المدراء بواسطتها بما يلي:

- جمع المعلومات التي تقيس الإنجاز الحالي للعاملين والموظفين.

- مقارنة ما تم إنجازه بالمعايير التي تم وضعها في التخطيط وفي تحديد المهام أثناء التنظيم.

- تحديد فيما إذا كان هناك انحرافات بين التنفيذ والتخطيط من أجل تقويم هذا الانحراف الذي يكون إيجابياً أي زيادة عن الأهداف المقررة أو سلبياً أي أقل من المطلوب.

وكما وسبق وأن ذكرنا أن وظائف الإدارة الأربع تدور كعجلة حيث لا يمكن اعتبار أي عنصر أو وظيفة هو أولها أو آخرها بل أن هناك تكامل بين هذه الوظائف ويمكن توضيح ذلك من الشكل التالي:

(شكل يبين العلاقات المتبادلة لوظائف الإدارة الأربع لتحقيق أهداف المنظمة)

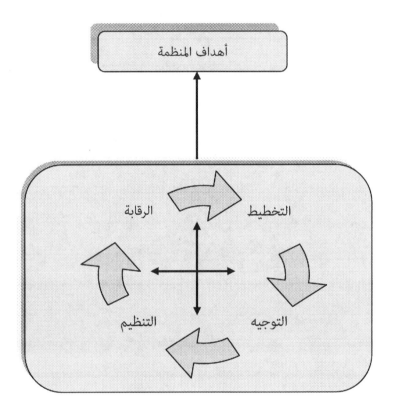

وما دمنا قد تحدثنا عن وظائف الإدارة الأربع وذكرنا أنهما أشبه بعجلة تدور ووفرنا شكل بذلك وشكل آخر على تكامل الوظائف الإدارية نود هنا أن نبين كيف يتم بناء التنظيم في المؤسسة وذلك برسم المستويات الإدارية ورسم هيكل تنظيمي مفترض.

شكل المستويات الإدارية

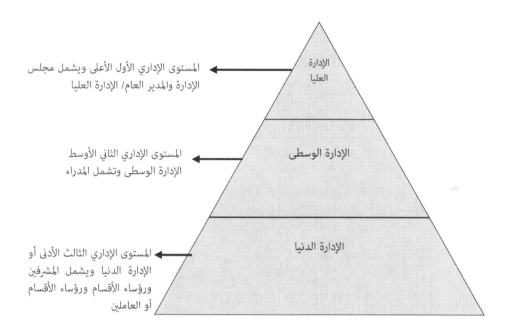

المستوى الإداري الأول الأعلى ويشمل مجلس
الإدارة والمدير العام/ الإدارة العليا

المستوى الإداري الثاني الأوسط
الإدارة الوسطى وتشمل المدراء

المستوى الإداري الثالث الأدنى أو
الإدارة الدنيا ويشمل المشرفين
ورؤساء الأقسام ورؤساء الأقسام
أو العاملين

الإدارة
العليا

الإدارة الوسطى

الإدارة الدنيا

نموذج هيكل تنظيمي مفترض

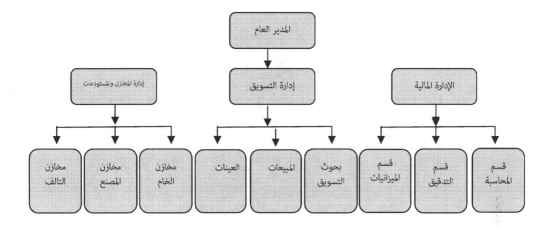

الرقابة الإدارية

تعتبر الرقابة الوظيفية الرابعة من وظائف الإدارة أو العنصر الرابع من عناصرها. فبعد أن يتم
التخطيط وتحديد الأهداف ورسم السياسات والإجراءات ويتم الانتهاء من التنظيم وعمل الهيكل
التنظيمي وتحديد وتحليل العمل والوظائف وحصرها وتوزيع العاملين عليها وتحديد السلطات
والمسؤوليات والبدء بتنفيذ العمل والقيام بإجراءات التوجيه والتنسيق من إصدار الأوامر واتخاذ
القرارات والتحفيز والاتصال والقيادة الفعالة يأتي دور الرقابة للتأكد من سلامة التخطيط والتنظيم
والتوجيه وأن العمل يسير وفق الخطط المرسومة وتكشف الرقابة عن أي خلل سواء في التخطيط
والأهداف أو سواء في التنظيم وتوزيع الأعمال والصلاحيات والمسؤوليات أو في التوجيه من قيادة
وإصدار أوامر واتخاذ قرارات واستخدام الحوافز والقيادة الفعالة فتكشف الرقابة عن أي خلل ليتم
تحديد الانحراف عن ما هو موضوع ومحدد سواء

انحراف إيجابي أي زيادة عن الموضوع أو انحراف سلبي أي أقل من الموضوع أو المطلب ليتم التعديل وتصحيح الانحرافات.

تعريف الرقابة:

يمكن القول أن الرقابة هي جعل الشيء يحدث بالطريقة التي كان قد خطط لحدوثه بها[1]. ويفهم من هذا التعريف أن التخطيط والرقابة هما فعلياً متلازمان. لقد أطلق عليهما بأنها توأمي الإدارة السيامي الملتصقين أو المتماثلين[2].

لقد عرّف روبرت ج موكلير (Robert J. Mockler) الرقابة بالطريقة التالية:

"الرقابة عبارة عن جهد منظم لوضع معايير الأداء مع أهداف التخطيط لتصميم نظم معلومات عكسية لمقارنة الإنجاز الفعلي بالمعايير المحددة سلفا أو مسبق، لتقرير ما إذا كان هناك انحرافات وتحديد أهمية هذه الانحرافات، ولاتخاذ أي عمل أو إجراء مطلوب للتأكد من أن جميع موارد المنظمة يتم استخدامها بأكثر الطرق فعالية وكفاية ممكنة في تحقيق أهداف المنظمة".

وبالتالي فإن عملية الرقابة تتكون من الخطوات الرئيسية الثلاث الآتية:

1. تحديد المعايير الرقابية التي يتم بموجبها قياس التقدم.
2. قياس الأداء بموجب المعايير التي تم تحديدها.
3. كشف الانحرافات واتخاذ الإجراءات اللازمة لتصحيح الانحرافات التي ظهرت مخالفة للمعايير المحددة.

---

(1) الإدارة الحديثة: مصطفى نجيب شاويش، دار الفرقان، 1993، عمان - الأردن، ص 685.

(2) Donald C. Mosley and Paul H. Pietri Management: The art of working with and Through People (Encino, Calif: Dickenson 1975) Pp. 29 - 34.

وبالتالي يمكن وضع تحديد المعايير وقياس الأداء وتصحيح الانحرافات في الشكل التالي ونطلق عليه
"عملية الرقابة كنظام مستمر".

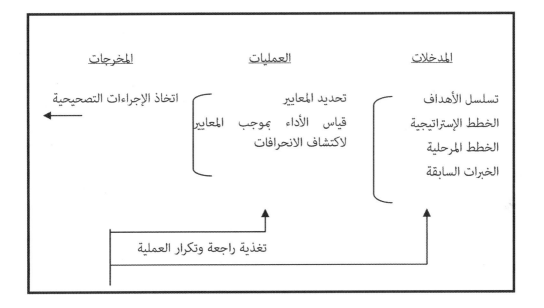

يمكن تقسيم الرقابة إلى أنواع حسب المعايير التالية:

أنواع الرقابة حسب الوقت الذي تتم فيه:

وبموجب هذا المعيار يوجد ثلاث أنواع رئيسية من الرقابة:

1.   الرقابة الوقائية (السابقة).

2.   الرقابة المتزامنة أو أثناء التنفيذ.

3.   الرقابة اللاحقة أو العلاجية.

أنواع الرقابة حسب المصدر أو الجهة التي تقوم بها:

وتقسم بموجب هذا المعيار إلى:

1. الرقابة الداخلية.
2. الرقابة الخارجية.

وتتم الرقابة الداخلية بواسطة أجهزة من داخل المنشأة نفسها حيث يوجد في الهيكل التنظيمي قسم يطلق عليه قسم الرقابة أو التدقيق.

أما الرقابة الخارجية فيستعان بها من خبراء رقابة ومراجعة وتدقيق من خارج المؤسسة.

القيادة الفعّالة ونظام الرقابة الفعّالة:

تعتمد القيادة الفعالة على نظام رقابة فعال هذا النظام الرقابي الفعال يتميز بعدة خصائص أهمها:

1. قبوله من قبل أعضاء المنشأة.
2. التركيز على نقاط الرقابة الهامة والخطيرة.
3. الجدوى الاقتصادية لنظام الرقابة بحيث تكون تكاليفه أقل من الفائدة المرجوة منه.
4. أن يكون نظام الرقابة دقيقا ونافعا ومفيدا.
5. التوقيت المناسب: حيث أن تقديم المعلومات في الوقت المناسب لا يقل أهمية عن دقة المعلومات.
6. سهولة الفهم بحيث يكون النظام بسيطاً وواضحاً حتى يمكن تطبيقه وفهمه.
7. المرونة: حيث تساعد المرونة الإدارة على مراقبة العمليات بغض النظر عن

الظروف الاقتصادية السائدة.

8. أن يؤدي إلى الإجراء التصحيحي للانحرافات التي وقعت.

المعوقات المحتملة للرقابة الناجحة:

هناك معوقات للرقابة الفعالة يجب اتخاذ ما يلزم لمواجهتها هذه المعوقات هي:

1. يمكن أن تؤدي نشاطات الرقابة إلى زيادة تركيز غير مرغوب على الإنتاج في المدى القصير إذا ما قورن بالإنتاج على المدى الطويل.

2. يمكن أن تزيد النشاطات الرقابية من إحباط العاملين في وظائفهم وبالتالي تنخفض معنوياتهم.

3. يمكن أن تشجع نشاطات الرقابة على تحريف التقارير.

4. يمكن أن تجعل نشاطات الرقابة أعضاء التنظيم ينظرون إلى مصلحة المنظمة من وجهة نظر ضيقة.

5. يمكن أن ينظر إلى نشاطات الرقابة على أنها أهداف عملية الرقابة بدلا من كونها الوسائل التي يتم بواسطتها اتخاذ الإجراء التصحيحي.

عوامل نجاح الرقابة:

حتى تكون الرقابة ناجحة وفعالة يجب أن يتأكد المديرون مما يلي:

1. أن المظاهر المختلفة لعملية الرقابة مناسبة للنشاط التنظيمي المحدد الذي يتم التركيز عليه.

2. أن نشاطات الرقابة يتم استخدامها لتحقيق عدة أنواع مختلفة من الأهداف.

3. أنه يتم في الوقت المناسب استخدام المعلومات التي يبنى عليها الإجراء الصحيح.

4. أن آلية عملية الرقابة مفهومة من قبل جميع الأفراد المشمولين بها.

الفصل الثالث

مهارات إدارة التغيير

الفصل الثالث

مهارات إدارة التغيير

قد تتطور الظروف الاقتصادية أو السياسية في دولة ما أي تتحول الدولة في اقتصادها من النظام الرأسمالي إلى النظام الاشتراكي أو بالعكس قد تتحول من النظام الاشتراكي إلى الرأسمالي. فهنا تجد إدارة أي منظمة نفسها مضطرة لأن تجدد الإدارة إلى ما يسمى بإدارة التحول أو إدارة التغيير وفقاً للنظام الجديد. أو قد تقوم الدولة بتأميم بعض المنشآت لتصبح تابعة للقطاع العام وهنا يلزم أيضا إدارة جديدة تقوم بعملية التحول أو التغيير أو التطوير أو قد تقوم الدولة بالتخلص من مؤسسات تابعة للقطاع العام وتحويلها إلى القطاع الخاص للمستثمرين المحليين أو الخارجيين وهو ما يطلق عليه بالخصخصة وهنا يلزم إدارة جديدة تقوم بأساليب إدارية جديدة وقيادة فعالة تتناسب مع الخصخصة من ناحية حشد رأس المال وتطوير العمل وزيادة كفاءة العاملين وقد تضطر هذه الإدارة إلى هيكلة العمل والعاملين من جديد وفق النظام الجديد وتسمى الإدارة التي تقوم بمثل هذه الإجراءات بإدارة التحول أو إدارة التطوير أو التغيير.

وهي تراعي في ذلك أن تكون القيادة فعالة وأن تدخل عوامل التدريب المستمر والتعلم المستمر لدى العاملين وأن تخلق الإبداع الإداري وتحفز العاملين على الإبداع وتحاول أن تركز على مفهوم الخصية وتطوير الذات والعمل على تطوير الرؤية الشخصية والعملية والتكامل المؤسسي- والتكامل المجتمعي في تعاملها مع المؤسسات الأخرى وفي تعاملها مع المجتمع كافة. لابد من أن تشجع روح الفريق والتشاركية أو المشاركة في العمل وتطبق مجالات التحول والتغير والتطوير في داخل المؤسسة ولذلك

لابد لنا من أن نعرف مفهوم إدارة التحول أو إدارة التغيير وكيف تنشأ وما هي صفات القيادة الفعالة في مثل هذه الإدارة وأن تتعرف على موضوعات هامة تتعلق بالتدريب والمشاركة والتطوير وتحقيق الذات وتطوير الذات والإبداع الإداري وفهم موضوع الخصخصة ومزاياه.

مفهوم إدارة التحول أو إدارة التطوير أو إدارة التغيير:

إن مفهوم هذه الإدارة يستند إلى فهم السلوك الفردي والجماعي وتوجيه هذا السلوك نحو النظرة الجديدة للإدارة والظروف الجديدة التي تمر بها إدارة المنظمة.

ويمكن تعريف مفهوم التحول أو تطوير التنظيم بأنه: "جهد شمولي مخطط يهدف إلى تغيير وتطوير العاملين عن طريق التأثير في قيمهم ومهاراتهم وأنماط سلوكهم وعن طريق تغيير التكنولوجيا المستعملة وكذلك العمليات والهياكل التنظيمية وذلك سبيلا إلى تطوير الموارد البشرية والمادية أو تحقيق الأهداف التنظيمية أو الهدفين معاً"[1].

وتستلزم عملية التطوير والتغيير والتحول بذل جهود منظمة مستمرة. وحتى تكون هذه الجهود فعالة وإنسانية فإنها تؤكد على العلاقة بين أسلوب القيادة الفعالة ونمط اتخاذ القرارات وأنماط الاتصال من ناحية وبين النتائج المتوخاة مثل: زيادة الإنتاجية وتحقيق الكفاية والفعالية من ناحية أخرى[2] ويعتمد هذا المنهج في التطوير على تحسين السلوكيات بدل الاعتماد المطلق على تحسين أساليب التمويل والمحاسبة والعمليات الفنية الأخرى.

---

[1] Frank Friendlander and L. Dave Brown. "organization Development in Karl O. Magnusson' Organizational Design, Development and Behavior, Glen View – Scott Forseman and company 1977 p. 312.

[2] السلوك التنظيمي، د. محمد قاسم القريوتي، دار الشروق للنشر والتوزيع، عمان – الأردن، 2000م، ص 322.

من أبرز عناصر الإنتاج وأثمنها هو عنصر ـ الوقت وهو العنصر ـ المتغير الوحيد في العملية الإنتاجية.

وحيث أن عناصر الإدارة هي التخطيط والتنظيم والتوجيه والرقابة وفي كل عنصر ـ من هذه العناصر يدخل عنصر التغيير والتبديل والتطوير والتحول عبر المكان والزمان وهذه العناصر الأساسية للعملية الإدارية تحتاج إلى معلومات لتنفيذها على أسس علمية وبالطرق الصحيحة وجميع المعلومات والمعرفة بحد ذاتها تحتاج إلى عملية اتصال أو تقوم أساسا على عملية الاتصال. وأن أي نجاح لعملية الاتصال في كل المستويات الإدارية يساعد على نجاح العملية الإدارية والقيام بها على أكمل وجه. فإذا استطعنا التغيير والتحول والسيطرة على المتغيرات المتلاحقة نستطيع إن ننجح إداريا بل أن نبدع.

والتغيير هو انتقال من حالة لا نرضى عنها إلى حالة أخرى أفضل تسير وفقاً للمتغيرات التي حصلت أو استجدت. وهذا الانتقال يخضع لقانون يتخذ علاقة بين الهدف والوسيلة وطاقة الإنسان والتوازن بين هذه الأركان مجتمعة. والإنسان الذي يواجه مشكلة ويعتقد بإمكانه حلها فإنه إنسان يؤمن بالتغيير والتحول.

ويقول (بيتي دركر): أفضل وسيلة للتنبؤ بالمستقبل هي أن تخلقه بنفسك. إن من أهم عناصر التغيير والتحول هو عنصر الزمن. وعنصر الـزمن متغير مـن لحظـة إلى أخـرى. إن إدارة التغيير أو إدارة التحويل هي من أحدث عناصر علم الإدارة الحديثة أو من أحدث النظريات الحديثة الإدارية في عصرنا الحاضر أن عنصر التغيير والمتغيرات المحيطة بالإدارة هـو أهم العقبـات التـي تواجـه الإدارة ويجب أن يؤخذ بعين الاعتبار في أي عملية إدارية. لأن الإدارة التي لا تضع أمام أو نصب عينيها أسوأ الاحتمالات ومواجهة كل المتغيرات المحيطة والمتغيرات المتوقعة والغير متوقعة وتأخذ احتياطها لكل

هذه المتغيرات تكون إدارة غير جديرة بالبقاء أو الاستمرار في تحمل مسؤولياتها الإدارية والقيادية ويلزم فوراً استدعاء إدارة التحول لتحل محلها.

لتحقيق التحول والتغيير والتطوير لابد من الاهتمام بالتعليم والتعلم والإبداع وتقنية المعلومات ومسايرة التكنولوجيا والانتقال من القيم والمفاهيم القديمة إلى قيم ومفاهيم جديدة والاهتمام بالتدريب المستمر الذي يصاحب عملية التحول.

كثيراً ما تتغير الأهداف الرئيسية لإدارة التحول الجديدة كلما تبدلت المتغيرات المحيطة ببيئة الإدارة. وأصبحت تتبلور في تحقيق ميزة تنافسية والتفوق في الاستثمار بنسبة أكبر ومتزايدة في الأسواق المتخصصة. والسمة المستقبلية لأهداف الإدارة أصبح أمراً متفقاً عليه ومن الأهداف التي تعبر عن التوجه الجديد للإدارة، الاتفاق على معدل نمو سنوي للإيرادات بالنسبة لوحدة حقوق الملكية ويتحقق ذلك النمو من خلال ما يلي:

1. تفوق الأداء في كل مراحل ومجالات العمل بالمؤسسة.
2. نجاح السياسات الإنتاجية والتسويقية والتحويلية.
3. تعاون العاملين وتفاهمهم مع الإدارة.
4. حسن اختيار وصيانة وتشغيل الأصول المختلفة.
5. سلامة وتواصل وتدفق المعلومات والاتصالات بين أجزاء المؤسسة.
6. حسن توزيع السلطة والمسؤوليات وصحة العلاقات التنظيمية.
7. توقيت ودقة اتخاذ القرارات.

ويمكن أن نتعرف على نواحي التغيير في المفاهيم الإدارية من خلال دراسة المتغيرات التي تحدث في إحدى المميزات الفنية للمؤسسة على النحو التالي:

1. الموارد المادية والمعنوية: حيث أن التكنولوجيا الجديدة تضع في يد الإدارة الجديدة

إمكانيات هائلة.

2. الموارد البشرية: حيث أن التغيرات التكنولوجية التي تمتلكها الإدارة ستؤدي إلى تغيير المهارات والمواصفات الواجب توافرها في الأفراد.

3. الأساليب والطرق والأدوات: حيث يكون انعكاس التكنولوجيا على عمل الإدارة قد أنتج مجموعة متطورة من الأساليب وطرق وأدوات العمل الإداري الآلي.

4. الهيكل وأنماط العلاقات: حيث أن المحصلة الأخيرة لكل المتغيرات السابقة وغيرها في عناصر الإدارة هو أن تصبح الهياكل التنظيمية وأنماط العلاقات التقليدية غير متناسبة مع الأوضاع الجديدة اللازمة للتحول.

التغير في الفكر الإداري:

عندما تأتي إدارة التحول فلابد أن نعتمد على ملامح جديدة من الفكر الإداري والذي يبدو فيما يلي:

1. التوجه الأساسي للإدارة الجديدة هو التفوق والتميز.

2. المعيار الرئيسي لنجاح الإدارة الجديدة في تحقيق التميز هو الغاية التي تعمل كل أنشطة وجهود الإدارة على تحقيقها.

3. تعمل الإدارة الجديدة على تأكيد وجودها وذاتها.

4. توجه الإدارة الجديدة كل الطاقات الممكنة لتحقيق معدلات نمو متزايدة.

5. تتعامل الإدارة الجديدة مع المتغيرات باعتبارها حقائق تكشف عن المعوقات أمام التحول.

6. تبني الإدارة الجديدة مفهوم الابتكار والإبداع.

7. تعمل الإدارة الجديدة على خلق المناخ التنظيمي الملائم.

8. تؤمن الإدارة الجديدة أن الأفراد هم الدعامة الرئيسية للإنتاج.

9. الإدارة الجديدة تتصف بالشمول والتكامل المؤسسي والمجتمعي.

10. سوف تهدف الإدارة الجديدة إلى مزيد من اللامركزية وديمقراطية الإدارة.

11. تؤمن الإدارة الجديدة بمفهوم الجودة الكلية التي تشمل كل مجالات العمل والإنتاج والخدمات.

12. تقوم الإدارة الجديدة على منطلق أن المنظمة كائن يتطور ويتعلم ويطور نفسه ويتفاعل مع البيئة.

13. يتبنى الفكر الإداري الجديد منطق القيادة الفعالة في توجيه العمل وتحقيق النتائج.

14. الإدارة الجديدة تؤمن بأهمية العلاقات الإنسانية مع العاملين والعملاء وتهتم بإدراك الناس وفهم وجهات نظرهم.

15. تكرس الإدارة الجديدة العمل الجماعي والعمل كفريق واحد.

16. تؤمن الإدارة الجديدة بأهمية المبادأة والمبادرة.

17. تميل الإدارة الجديدة إلى التحرر من النظم الجامدة وتؤمن بحرية الحركة.

18. تتبنى الإدارة الجديدة فكرة إعطاء الانتباه وتحليل الظواهر.

19. تؤمن الإدارة الجديدة بأهمية العميل.

20. تركز الإدارة الجديدة على التدريب والتعليم المستمر.

21. تتصف بالمرونة والرقابة الذاتية وتعطي اهتماما للمعايير الرقابية.

22. تؤمن بالتطور التكنولوجي والبحث والتطوير.

ويلخص جون شيروود (John Sherwood) أهداف التطوير التنظيمي بما يلي:

1. إشاعة جو من الثقة بين العاملين في التنظيم.

2. إيجاد انفتاح في مناخ التنظيم.

3. توفير المعلومات اللازمة لمتخذ القرار بشكل مستمر ودون تشويه.
4. العمل على إيجاد التوافق والتطابق بين الأهداف الفردية والأهداف التنظيمية.
5. إيجاد علاقات تبادلية وتكاملية بين العاملين كأفراد وكجماعات وتشجيع روح المنافسة ضمن روح الفريق.
6. زيادة فهم عمليات الاتصال وأساليب القيادة والصراعات وأسبابها من خلال زيادة الوعي بديناميكية الجماعة.
7. مساعدة المشرفين على تبنّي أساليب إدارية ديمقراطية في الإشراف مثل الإدارة بالأهداف Management By Objectives بدل الإدارة بالأزمات Management By Crisis.
8. تعويد العاملين على ممارسة الرقابة الذاتية والاعتماد عليها كأساس للرقابة الخارجية ومكملاً لها.

الأسباب التي تستوجب التحول أو التغيير والتطوير:

1. التطور الذي يحصل على الأساليب المستخدمة في العمل.
2. التغييرات في السياسات والقوانين والأنظمة.
3. تطور وعي العاملين وزيادة طموحاتهم وحاجاتهم.
4. تغير نظرة الجمهور وتوقعاته من المؤسسات العامة والخاصة.
5. تطور المعرفة الإنسانية في مجال العلوم السلوكية.
6. التغيرات في الظروف الاقتصادية والسياسية.
7. زيادة المنافسة بين التنظيمات الإدارية.
8. زيادة إدراك العلاقة الوثيقة بين تأثير البيئة الإدارية على رغبة العامل في تسخير

كافة قدراته الكامنة للعمل.

9. إدراك الصلة بين أسلوب التعامل مع العامل وإفساح المجال له للمشاركة في اتخاذ القرارات وبـين إنتاجيته.

10. الضغوط الخارجية والتي تتمثل بالبيئة الطبيعية والتغيرات السكانية ومسـتوى الثقافـة العامـة وانتشار التكنولوجيا والضغوط الداخلية والتوترات الناجمة عن تضارب الاهتمامات والمصالح بين الإدارة والعاملين.

إدارة التغيير:

يمكن تحديد المراحل التي تمر بها إدارة التغيير بثلاثة مراحل رئيسية هي:

1. مرحلة تفكيك عوامل الجمود Unfreezing stage

2. مرحلة القيام بالتغيرات المطلوبة Changing Process

3. مرحلة تثبيت التغيرات التي تمت Refreezing

ومجالات التغيير والتطوير التي تتصل بالعنصر الإنساني تشمل عدة مجالات أهمها:

1. محاولة تكوين قيم جديدة. لأن القيم أساسية في تحديد سلوك الإنسان.

ومن الأمثلة على ذلك احترام الوقت كمورد أساسي للإنتاج.

2. التخلص من قيم موجودة كمحاولة تغيير النظرة للوظيفة العامة من كونها وسيلة حكـم وتسـلط على المواطنين إلى أداة خدمة.

3. مجالات تنظيمية تتصل بتنظيم جديد لأساليب الاتصالات بحيث لا تقتصر على الاتصالات النازلـة من أعلى إلى أسفل بل تسمح بوجـود قنـوات للاتصـالات مـن أسـفل إلى أعـلى واتصـالات أفقيـة وكذلك اتصالات قطرية.

67

الفصل الرابع

مهارات الإدارة في الأزمات

الفصل الرابع

مهارات الإدارة في الأزمات

إن مهارات المدير الفعال أو القائد إنما تبدو واضحة في مواجهة الأزمات وكيفية التعامل معها أو منعها أو التخفيف من حدوثها بما يعود على المؤسسة والعاملين فيها بالنفع وكذلك بما لا يؤثر على سمعة المنظمة أو المنشأة وتعامل الجمهور معها. وقد أثبتت كثيراً من الإدارات بخاصها في مواجهة الأزمات بينما لم ينجح الآخر لذلك ظهرت إدارة جديدة في العلوم الإدارية تسمى "إدارة الأزمات".

تنمو الأزمة عند الفرد تبعاً لتطوره الفكري ووعيه والذي يبني عليها أهدافه لتجليه مع أهداف الآخرون فيحصل الاحتكاك والاحتكاك أول الأزمات التي تتطلب مهارة كيف يكسب كل قضية لتحقيق مصالحه.

إن مهارات إدارة الأزمات مطلب أساسي ليس لأصحاب القرار وحدهم وإنما للأجيال القادمة للتدريب على التفكير المنطقي عند تناول أي معضلة واحتساب العواقب سلفاً لمواجهة الصعاب بدراية ورباطة جأش في مواجهة الأزمة .

مفهوم الأزمة[1]:

الأزمة في اللغة هي الضيق والشدة وفي الإنجليزية (crisis) تعني نقطة التحول إلى الأحسن أو الأسوأ فهي لحظة مصيرية أو زمن مهم وفي معنى آخر هي حالة من

---

[1] إدارة الأزمات، نواف قطيش، دار الراية، عمان، الأردن، 2009، ص 24.

الاضطراب في العلاقات التي تهددة بتغيير حاسم فيها بالحدوث. وخلافاً للمفهوم العام السائد للأزمة فهي نقطة تحول وليس بالضرورة أن تتصف بالسوء ولكنها تحمل درجات من المخاطر وعدم التأكد وقد تم استعارة كلمة أزمة في المصطلحات الطبية حيث تفترض أن هناك نظاماً عضوياً يسير وفق مشروع محدد ويحدث خللاً من وقت لآخر وهي "الأزمة" ويكفي القيام بعملية إصلاح أو ضبط ليعود إلى النظام العادي.

تحدث الأزمة في مستويات مختلفة تشمل الفرد والمجتمع والمؤسسة والدولة لتؤثر وتتأثر في مجالاتها المختلفة السياسية والاقتصادية والاجتماعية والعسكرية وتختلف طبيعة الأزمة حسب مجال الاضطراب الذي تحدثه، فالأزمة الاقتصادية هي اضطراب يطرأ على التوازن الاقتصادي والأزمة الداخلية هي اضطراب داخلي يطرأ نتيجة حدوث تغيير فكري أو تأثير سلوكي اجتماعي أو نمط حياتي يؤثر على الاستقرار . فالأزمة هي حالة من الإدراك للاضطراب أو الشدة وهي نقطة تحول قد تكون إلى الأحسن أو الأسوأ وبهذا فهي تتحمل إمكانية الفرصة والخطر في آن واحد.

والأزمة وليدة ظروفها ووضعها الذي توجد فيه سواء كانت على مستوى أو المجتمع أو المؤسسة أو الدولة. فهي تعبير نسبي غير موضوعي يأخذ معناه من إدراك الموقف أو الموضع أو الحالة التي تعيشها الدولة في ظل ظروف معينة ومفهوم الأزمة الداخلية هو حدث ناتج عن موقف معين صادر عن تهديد داخلي أو خارجي يفرض على القادة وصانعي القرار استخدام أحد عناصر القوة للتعامل مع هذه الأزمة والحيلولة دون تصعيدها وتزداد خطورة تهديد الأزمة الداخلية عند مواكبتها لعناصر التهديد الخارجي.

وحول مفهوم الأزمة، فالأزمة يمكن تعريفها كما يلي[1]:

---

(1) العلاقات العامة وإدارة الأزمات، أحمد إسماعيل البواب، صنعاء، اليمن، ص 96.

1- هي موقف فجائي يهدد مصالح المنشأة أو المنظمة وصورتها أمام الجماهير مما يستدعي اتخاذ قرارات سريعة لتصويب الأوضاع حتى تعود إلى مسارها الطبيعي.

2- هي حدث يسبب تغيراً في الحياة العادية للمجتمع والوقت الذي يستغرق حدوث الأزمة إلى عودة الحياة الطبيعية يسمى وقت الاسترجاع.

3- الأزمة لحظة حرجة وحاسمة تتعلق بمصير الكيان الإداري أو السياسي الذي أصيب بمشكلة وأصبح هناك صعوبة حادة أمام متخذ القرار تجعله في حيرة بالغة في مساحة من عدم التأكد وقصور المعرفة واختلاط الأسباب بالنتائج وتداعي كل منها في شكل متلاحق ليزيد من درجة المجهول ومن تطورات قد تحدث مستقبلاً من الأزمة وفي الأزمة ذاتها.

4- يعرّف قاموس أكسفورد الأزمة بأنها نقطة التحول في تطور المرض أو تطور الحياة أو تطور التاريخ. أما نقطة التحول فهي الوقت الذي يتسم بالصعوبة والخطورة والقلق على المستقبل ووجوب اتخاذ قرار محدد بشأنه.

5- يعرّف والتر ريموند في منظور العلاقات الدولية الأزمة الدولية بأنها حدث يسبب خللاً جسيماً في العلاقات الطبيعية بين الدول ذات السيادة بسبب عجزها عن حل نزاع قائم بينها. وتمثل أيضا في الأنشطة الرامية إلى تهديد وجود الدولة أو مصالحها الحيوية.

6- ويعرف آلان دارتي الأزمة من منظور سياسي وعسكري فيقول أن الأزمة هي حدوث تغير في البيئة الخارجية أو الداخلية يوحي لسلطة صنع القرار بوجود تهديد لمنظومة القيم الأساسية للمجتمع وأن هذا التهديد قد يصحبه

أو يترتب عليه الدخول في مواجهة عسكرية وأنه يلزم الرد على هذا التهديد في وقت محدد.

ولعلنا نذكر هنا أزمات دولية من هذا القبيل أزمة الدرع الصاروخي الذي قامت أمريكا في شرق أوروبا ورأت روسيا أنه يهدد مصالحها.

ويعرف علماء الإدارة الأزمة بأنها حالة تمزق تؤثر في النظام وتهدد افتراضاته الأساسية ومعتقداته وجوهر وجوده والأزمة ضرر يتسم بعدم التوازن ويمثل نقطة تحول في حياة الفرد أو الجماعة او المنظمة أو المجتمع.

والأزمة موقف عصيب يمكن أن يؤدي إلى نتائج سلبية تؤثر في المنظمة أو المنشأة.

والأزمة تتعلق بمعوق غير مألوف يؤثر في حياة الفرد أو الجماعة. والأزمة تعني توقف الأحداث المنتظمةوالمتوقعة واضطراب العادات والعرف مما يستلزم التغيير السريع لإعادة التوازن وتكوين عادات جديدة. والأزمة عبارة عن خلل يؤثر تأثيراً شديداً في المؤسسة ويهدد الافتراضات الرئيسية التي تقوم عليها تلك المؤسسة.

والأزمة هي لحظة حرجة تتعلق بمصير الكيان الإداري الذي أصيب بها وخلقت بلبلة في أوساط العاملين أو الجمهور تجاه ذلك الكيان.

فعلى سبيل المثال فإن نقص سلع أو خدمات أساسية قد يخلق عند الناس أزمة. كما أن ارتفاع الأسعار أو هبوط القوة الشرائية للعملة قد يسبب أزمة. وإن تدخل الإعلام الاجتماعي ضروري في أثناء حدوث الأزمات لتوجيه سلوك الأفراد والجماعات. كما إن للإعلام دوراً هاماً في مجال الأزمات والكوارث فيما يتعلق بالنواحي الصحية.

والأزمة قد تكون لأسباب داخلية بسبب مشكلة وصراع حول المشكلة داخل الكيان أو المنظمة. وقد تكون أزمة خارجية ناتجة عن مقاطعة أو حملات مضادة أو دعاوي. وقد تكون أزمة مفاجئة وهي تلك التي تحدث فجأة ودون سابق إنذار وقد تكون الأزمة متراكمة أي هي الأزمات التي يكون بالإمكان توقع حدوثها وقتاً طويلاً قبل أن تنفجر وعلى ذلك فهذه الأزمات تتطور وتنمو مع مرور الزمن كإضراب العمال أو الموظفين. وعندما يشتد قلق وتؤثر خبير العلاقات العامة في مرحلة ما قبل الأزمة ينصح خبراء إدارة الضغوط وعلماء النفس بكتابة قائمة بالمشكلات المؤرقة. فرؤية هذه المشكلات على الورقة تمنح الإحساس بإمكانية إدارتها والسيطرة عليها ويمكن استخدام الأسلوب نفسه عند إدارة الأزمات بشكل قريب منه فينبغي كتابة قائمة بالأزمات المحتملة بمعرفة خبراء العلاقات العامة. وفي نهاية القائمة ينبغي تحديد حجم الفجوة أي الفارق بين المهارات التي تستدعيها الأزمة والمهارات التي يملكها خبير العلاقات العامة ومنتسبوها والقائمون عليها بمختلف درجاتهم ومراحلهم. وقد تبدو للوهلة الأولى مهمة وضع مثل هذه القائمة أمراً عسيراً خاصة إذا بدأت المحاولة من فراغ ولكن رغم ذلك يجب تصميم قائمة الأزمات.

تعاريف الأزمة

1- الأزمة موقف ينشأ عن احتدام صراع بين طرفين أو أكثر وذلك نتيجة سعي أحد الأطراف إلى تغيير التوازن الاستراتيجي القائم بما يشكل تهديداً

جوهرياً لقيم وأهداف ومصالح الخصم الذي يتجه إلى المقاومة ويستمر هذا الموقع لفترة زمنية محددة نسبياً[1].

2- الأزمة هي حدث أو موقف ذو أهمية بالغة تفرض مواجهة سريعة ويحتوي إمكانية التدخل الوطني الكامل ويستلزم إدارة للقوة.

3- الأزمة هي حدث مفاجئ يهدد المصلحة الوطنية وتتم مواجهته في ظروف ضيق الوقت وقلة الإمكانات ويترتب على تفاقمه نتائج خطيرة.

4- الأزمة هي تدهور خطير في العلاقات بين دولتين أو أكثر نتيجة تغيير في البيئة الخارجية أو الداخلية. هذا التدهور يخلق لدى صانعي القرار إدراكاً لتهديد خارجي للقيم والأهداف الرئيسية لسياستهم الخارجية ويزيد من إدراكهم لاحتمالات في أعمال عدائية يلزم الرد عليها[2].

نماذج من الأزمات والكوارث ودور الإدارة

لا توجد هنالك دولة سواء كانت كبيرة أم صغيرة أم مؤسسة مالية أم منظمة مصرفية صناعية يكون لديها مناعة ضد الأزمات بغض النظر عن طبيعة الأزمة وحجمها.

هل هو عمل إرهابي شل الحركة الاقتصادية والاجتماعية والثقافية وأحرق الأخضر واليابس وأصبح العالم مشلولاً نتيجة هذه الأزمة أوحريق أو إغلاق مصنع أو العبث المتعمد في المنتجات كوضع قطع زجاج صغيرة أو مخلفات في غذاء الأطفال أو

(1) التعريف بظاهرة الأزمة الدولية، الفكرى الاستراتيجي العربي، العدد 19، كانون ثاني، 1987، ص 157، مصطفى علوي.

(2) السلوك في الأزمات الدولية، مايكل برتشر، المجلد 21 آذار 1977، ص 41.

زئبق في عصير البرتقال أو مواد سامة في الأدوية كما حدث في بعض الدول الأجنبية. كما أنه ليس بالضرورة أن تكون هذه المشاكل حقيقية حتى تتسبب في حدوث أزمة فقد تكون إشاعة مغرضة يروجها أحد المنافسين عن منتجات الشركة أو إدارتها السبب الرئيسي في حدوث الأزمة.

ومن أشهر الكوارث والأزمات الصناعية التي حدثت:

1- تسرب المواد المشعة من المفاعل النووي Three Mile Island بالولايات المتحدة الأمريكية عام 1979م والذي أثبت أهمية الاعتماد على وسائل الإعلام وضرورة تجنب هجومها وانتقاداتها كأحد مخارج الأزمة.

2- إضافة مواد سامة من قبل مجهولين إلى دواء Tylenol الذي تنتجه شركة Johnson and Johnson في الولايات المتحدة الأمريكية حيث قامت الشركة بسحب الدواء من الأسواق وعقدت المؤتمرات الصحافية وجندت التغطيات الإعلامية للأزمة للتخفيف من آثار الأزمة والخروج منها بصورة جيدة أمام العملاء والزبائن.

3- كارثة Piper Alpha في عام 1988 إلى الشمال الشرقي من Abrdeen في سكتلاندا والتي راح ضحيتها (167) شخصاً.

4- كارثة انفجار مكوك الفضاء Space Shuttle Challengers التابع لوكالة الفضاء الأمريكية ناسا Nasa الذي احترق فيه سبعة من رواد الفضاء.

5- أزمة شركة Kwit-Fit التي كانت تعتبر من الشركات الرائدة في صناعة The Automobile fast-Fit Industry وكانت تتمتع بسمعة جيدة

وصورة براقة أمام الجمهور. وقد بدأت الأزمة حين قامت إحدى المجلات بعمل بحث استطلاعي لدراسة أداء الشركات العاملة في نفس الصناعة. ويمكن تطبيق ذلك أيضا على المصارف والمؤسسات المالية والمنظمات والمنشآت. وأظهرت النتائج الأولية لهذا البحث أن أداء الشركة Kwik – Fit كان الأسوأ بين كافة الشركات وعندما علم رئيس مجلس الإدارة بالأمر قام بإصدار تصريح بين فيه الخطوات التصحيحية التي اتخذت لتصويب الأمور وقد كان توقيت إصدار هذا التصريح مع نشر الموضوع في المجلة بعد ذلك زادت مبيعات الشركة وحافظت على اسمها ومستوى أسعارها.

ومن أشهر الأزمات والكوارث العالمية التي حدثت خلال هذا القرن في الولايات المتحدة الأمريكية حيث اندلعت أحداث الحادي عشر من سبتمبر والتي غيرت موازن العالم والمتمثلة في الهجوم على أمريكا ومن أمريكا وفي أمريكا. والتي استهدفت نيويورك وواشنطن حيث أرسل خاطفون ثلاث طائرات مدنية لتتحطم على مبنى مركز التجارة العالمي في نيويورك ومبنى البنتاغون في واشنطن. وخيم صمت وهدوء رهيب على مدينتي واشنطن ونيويورك وخاصة الأخيرة التي لا تنام عادة حيث ارتطمت طائرتان مختطفتان ببرجي مركز التجارة العالمي لينهارا مما أسفر عن مقتل الآلاف وخرج بعض الأشخاص إلى شوارع ضاحية مانهاتن التي تعج عادة في أي يوم من أيام الأسبوع بالبشر حتى ساعة متأخرة من الليل.

وتقلصت حركة المرور في شوارع مانهاتن المزدحمة لتقتصر على مركبات الطوارئ وبضع سيارات أجرة وقوافل الشاحنات التي تنقل الونشات والجرافات والعمال إلى منطقة الكارثة. وبدت الاستكانة على القلة التي خرجت إلى الشوارع مع

جلوسهم أمام شاشات التليفزيون في الحانات ووقوفهم أمام نوافذ عرض المتاجر يتصلون عبر الهواتف المحمولة بالأصدقاء والأقارب ويتحدثون عن الكارثة.

وظلت محطات التليفزيون المحلية طوال الليل تبث تغطية للكارثة وكذلك الوكالات العالمية مع إعادة مشاهد اقتحام طائرتي الركاب لبرجي مركز التجارة العالمي ومشاهد انهيار البرجين. وقالت إحدى مراسلات تليفزيون نيويورك رقم واحد من أقرب مكان من موقع الكارثة الذي استطاعت الوصول إليه في ساعات الصباح الباكر لليوم التالي للكارثة أن الصوت الوحيد الذي يدوي في الشوارع الآن هو هدير مولدات الكهرباء التي تضيء الكشافات بما يمكن عمال الإنقاذ من مواصلة عملهم. وخلت تماماً منطقة تايمز سكوير التي تعج عادة حتى ساعة متأخرة من الليل بالسائحين ورواد المسارح والمشردين وتجار المخدرات. وهجر الموظفون المدينة عقب وقوع الكارثة عائدين إلى أسرهم وكانت وسائل النقل مهيأة للخروج من مانهاتن وغيرها مستمرة في العمل.

ثم عادت بعض وسائل النقل المتجهة إلى مانهاتن للعمل بعد بضعة أيام من الكارثة لكن رودولف جولياني رئيس بلدية نيويورك طلب ممن عملهم ليس ضروريا البقاء خارج مانهاتن. وانقطعت الكهرباء عن معظم مناطق الطرف الجنوبي لمانهاتن وتم إخلاؤها وقال جولياني إن الطرف الجنوبي من مانهاتن مغلق.

وبعض القلة التي خرجت إلى الشوارع من الذين يبحثون عن أصدقاء وأقارب مفقودين وقال أحد الذين خرجوا للبحث عن مفقودين من أقاربهم أنها كارثة وكابوس ما زلت غير قادر على تصديق أنه واقع.

ووقعت الكارثة بالمركز المالي والبوابة الرئيسية للولايات المتحدة الأمريكية بمدينة نيويورك إذ انهار برجا مركز التجارة العالمي الذي يعمل فيه نحو أربعين ألف

موظف. ومما يتضح أن العالم يعيش على أطراف أصابعه ويعيش في أزمة دائمة ومستمرة ويعيش أحداثاً متلاحقة ممتدة يدفع كل منها الأخرى ويتدافع معها في خضم الأحداث المتصاعدة. وما يعيشه العالم الآن هو نوع جديد من الأزمات أزمات صنعت نفسها وأوجدت ذاتها وهيأ لها الجميع مناخاً مواتياً وحبس الجميع أنفاسه مترقباً ومتابعاً الحدث ما بين عدم تصديق ما يرونه أمام أعينهم وما بين شغف وتشوق مما ستسفر عنه تداعياته وما بين متشائمة حذرة تتوجس ما سيخرج منه وما سيؤول إليه الوضع وهو أمر يصعب التنبؤ به كما أنه يستحيل الانتظار وترقبه.

أما أشهر الكوارث المالية والمصرفية:

هي سقوط بنك الاعتماد والتجارة الدولي عام 1991م والذي تكلف انهياره عشرة مليارات جنيه استرليني وأحدث أكبر وأضخم هزة للقطاع المالي والمصرفي حيث قامت بتأسيسه مجموعة من الشخصيات البارزة والمرموقة معظمها باكستانية وقد أسست بنك الاعتماد والتجارة الدولية عام 1982 وكان يدير البنك أعماله في ستين دولة بما فيها اليمن.

وبنك بارينغز عام 1995 وذلك أثر انكشاف عمليات الاحتيال التي قام بها أحد موظفي الخزينة (نيك ليسون) وقد أثارت ونبهت هذه القضية المصارف إلى المخاطر المرتبطة بالعمليات المصرفية ولقنتها دروساً أساسية في العمل والممارسات المصرفية وأهمها فصل وظائف المتاجرة عن وظائف التنفيذ في دوائر الخزينة وضرورة فهم الإدارة العليا في المصارف والمؤسسات المالية مخاطر العمل خصوصاً في مجال الأدوات التي لا تظهر مخاطرها مباشرة كالأدوات المشتقة.

أما أشهر كوارث الطيران في العالم فهي:

أ) بعد مضي خمس عشر عاماً على انفجار طائرة بان أمريكان فوق لوكربي باسكتلندة قبلت ليبيا بداية العام الحالي 2003م تحمل مسؤولية التفجير الذي وقع عام 1988م ووافقت على دفع 2.700.000.000 اثنين مليار وسبعمائة مليون دولار كتعويض لأقارب ضحايا الطائرة ومجموعهم (270) ضحية وصدر الحكم على أحد الليبيين بالسجن مدى الحياة في يناير عام 2001م بعد إدانته بالتفجير بالرحلة رقم 31 حيث انتهت هذه الكارثة بالصلح في أسوأ كارثة طيران في تاريخ الطيران البريطاني. وقد اسفر التفجير عن قتل (259) فرداً كانوا على متن الطائرة من طراز بوينج 747 وأحد عشر فرداً كانوا على الأرض في بلدة لوكربي التي وقعت عليها الطائرة وكانت طائرة بان أمريكان قد وصلت إلى مطار هيثرو في لندن قادمة من فرانكفورت وكانت تحلق فوق اسكتلندا لعبور الأطلسي في طريقها إلى نيويورك في 21 ديسمبر 1988م وانفجرة الطائرة بعد مضي 38 دقيقة من رحلتها.

ب) أما الكارثة الثانية فهي التي استهدفت الرحلة دي سي 10 يوتاوت تسببت في مقتل مائة وسبعون ضحية ينتمون إلى سبعة عشر بلداً منهم أربع وخمسون فرنسياً ووقعت في العام 1989م أي بعد عام من حادثة لوكربي فوق صحراء تيتيري في نيجيريا وقد تم الاتفاق في يناير 2004م بين ممثلو الحكومة الليبية وممثلو أسر الضحايا بتعويضهم بواقع مليون دولار لكل ضحية تقريباًَ، وكان للمفوضات السرية والدائمة دوراً حيوياً وهام ولرجال العلاقات العامة والسياسية لحل هذه القضية الشائكة والعصيبة.

إن عالم الأزمات عالم حي فاعل ومتفاعل، عالم له أطواره وله خصائصه وعوامله وفي الوقت ذاته يفرز الجديد والغريب والعجيب ولا تتوقف ابتكاراته وإبداعاته حتى تكاد تكون الأزمات حبلى في أزمات جديدة وهو ما يلمسه كل من المحترف المتخصص في التعامل معها وكذلك الهاوي المبتدئ الذي لا يزال يتلمس خطاه.

إن التعامل مع الأزمات في عالمنا المعاصر قد خضع لعمليات خداع واسعة النطاق ومن هنا يتضح جلياً أن التعامل مع الأزمات يتم بكافة ألوان الطيف وبكافة درجات الألوان الحقيقية.

مفهوم إدارة الأزمة وأهدافها:

مهما تعددت النظرة إلى مفهوم إدارة الأزمة يبقى هذا المفهوم عبارة عن تقنية أو أسلوب معين يستخدم عند مواجهة الحالات الطارئة والتعامل مع الأزمات التي لا بد من مواجهتها والتخطيط لأسلوب المواجهة بشكل مبكر بناء على الافتراضات المبنية على المعلومات التي تنبئ بحدوث مثل هذه الأزمات مما يساعد صانعي القرار باستشعار الأزمة قبل وقوعها ووضع الإجراءات اللازمة لمنع حدوثها.

أما أهداف إدارة الأزمة:

فيمكن القول أن أهدافها تحدد بأحد المعايير التالية:

1- أن تؤدي إدارة الأزمة إلى تناقص في احتمالات تفاقمها أي تسويتها قبل تأزمها وتجنب آثارها السلبية.

2- أن يكون هدف فريق إدارة الأزمة زيادة قوة الدولة أو الإدارة على المدى القريب والبعيد.

3- عدم تكرار حدوث الأزمة وتطوير آلية وأسلوب إدارتها وتحسين أداءها من خلال الدروس المستفادة من كل أزمة.

العوامل المؤثرة في إدارة الأزمات[1]:

هناك أربعة عوامل رئيسية تؤثر على إدارة الأزمة وهي:

1- حجم الأخطار.

2- مدى السيطرة على البيئة.

3- الزمن المتوفر للتصرف.

4- عدد ونوع الخيارات المتاحة.

مراحل إدارة الأزمة:

هناك ثلاث مراحل لإدارة الأزمة:

1- مرحلة ما قبل الأزمة.

2- مرحلة التعامل مع الأزمة.

3- مرحلة ما بعد الأزمة.

1-مرحلة ما قبل الأزمة:

وهي المرحلة التي تنذر بوقوع الأزمة وهي غالباً ما تكون مرحلة تتبلور فيها مشكلة ما وتتفاقم حتى تنتج عنها الأزمة لأن الأزمة عادة لا تنشأ من فراغ وإنما يسبقها مشكلة لا تعالج علاجاً مناسباً.

---

[1] نظريات منظمات الأعمال، أميمة الدهان، ط1، 1992، ص 211.

2-مرحلة التعامل مع الأزمة

هذه المرحلة هي المحور الرئيسي لمفهوم إدارة الأزمة حيث يتولى فريق الأزمة استخدام الصلاحيات المخولة له ويطبق الخطط الموضوعة، كما يستخدم مهاراته المكتسبة من التدريب والاستعداد لمواجهة الأزمة.

3-مرحلة ما بعد الأزمة

وهي المرحلة التي يتم فيها احتواء الآثار الناجمة عن حدوث الأزمة وعلاج تلك الآثار أهم من عملية إدارة الأزمة لأن الهدف الرئيسي من أسلوب إدارة الأزمة هو تقليل الخسائر إلى أقصى حد ممكن ويتم الجزء الرئيسي من الجهود الموجهة لذلك من مرحلة التعامل مع الأزمة إلا أنه لابد أن تنتج عن الأزمة بعض الآثار بصورة أو بأخرى كما أن التعامل مع الأزمة ينتج عنه دروس مستفادة من السلبيات والإيجابيات ومن ثم فإنه يتم في هذه المرحلة علاج آثار الأزمة واستخلاص الدروس المستفادة منها.

تطور الأزمة:

تمر الأزمة بعدة مراحل هذه المراحل هي:

1- مرحلة الاحتقان: وهي المرحلة التي تمهد لوقوع الأزمة وهنا يأتي قدرة أصحاب القرار على التعامل معها بفهمها وإدراك أبعادها.

2- مرحلة الانفجار: وهي مرحلة بداية الأزمة وهي أصعب أوقات التعامل معها لاتسامها بالشدة والعنف والتوتر وبالتالي تشكل أشد مراحل الأزمة.

3- مرحلة الصراع: تتبلور منها أبعاد الأزمة وأهدافها ويتم فيها تطبيق كافة الخطط الخاصة بإدارة الأزمة وتتمثل هذه المرحلة ما بين بداية الأمة ونهايتها.

4- مرحلة التفتيت: وهي المرحلة التي تبدأ معها الأزمة بالتمزق والتفتت والتبشير بالحلول وتعتبر أطول المراحل وقتاً.

5- مرحلة إعادة التنظيم: ويعني ذلك تقييم ما حدث وتقويم لأسباب الأزمة وتلافي الآثار الناجمة عنها.

فريق الأزمة:

يتم تشكيل فريق الأزمة من قبل الإدارة أو الدولة وقد يكون دائماً كما الحال في بعض الدول حيث توجد وزارة للأزمات وقد يكون مؤقتاً للدراسة والتخطيط وقد يشكل خلال الأزمة ويمر عمل فريق الأزمة بعدة مراحل هي:

1-تقدير الموقف ويتضمن الموقف عدة عناصر هي:

أ‌. استعراض الأحداث.

ب‌. توقع الأحداث المقبلة.

ج‌. وضع الخطط.

د‌. تنفيذ الخطط لمواجهة الأزمة.

2-تحديد الأوليات لمواجهة الأزمة وحل ما طرأ عنها من مشاكل.

أساليب التعامل مع الأزمة:

يختلف أسلوب التعامل مع الأزمة ب اختلاف المواقف والإمكانيات وتتلخص هذه الأساليب فيما يلي:

1- استخدام القوة.

2- الأسلوب التفاوضي (كحالة إضراب العمال).

3- أسلوب استسلامي: أي قبول شروط لخصم الذي بسببه نشأت الأزمة.

متطلبات نجاح إدارة الأزمة:

يتطلب نجاح إدارة الأزمة على قدرة القادة وصانعي القرار على مواجهة الضغوط النفسية التي يفرزها موقف الأزمة أثناء معالجتها والتمتع بالحزم مع توفر قدر ملائم من المرونة والحكمة وعدم الجمود والاستخدام الأمثل لوسائل الضغط مع عدم تصعيد المخاطر إلى الحد الأقصى وإبقاءها في حدود الاعتدال ويسبق ذلك توفر معلومات صحيحة وكافية لفريق إدراة الأزمة ومستوى عالي من التنظيم وآلية عمل لدى الأجهزة المعنية ذات العلاقة.

إن مهمة الإدارة المتنورة العصرية هي إدارة الأزمات أي إدارة أحداث خطيرة مفاجئة قد تهدد وجود المنظمة فمهما خططت الإدارة والعاملين لما سيحصل وتحوطوا له فهناك دائماً احتمال حصول أحداث غير متوقعة يمكن أن تهدد وجود المنظمة. هذه الأحداث قد تحصل بسبب حرب أو تغير سياسي مفاجئ أو تطورات اقتصادية غير متوقعة مثل الأزمة المالية والاقتصادية العالمية 2009/2008 التي بدأت في الولايات المتحدة الأمريكية ثم أوروبا وامتدت إلى أنحاء العالم بما يشبه كساد عام 1929 أو بسبب حصول تطورات تكنولوجية جديدة تهدد وجود المنظمة فالعوملة والتطورات

التكنولوجية الهائلة يعني بأنه لا توجد منظمة ما تستطيع أن تتنبأ عن كل ما يحدث أو ما يمكن أن يحدث ومن ثم تتحوط له. بل إن هناك منظمات الأعمال في الدول النامية لهذه التغيرات تجعلها الآن في حالة أزمة وتهديد لوجودها.

لذلك فإن واحدة من المسئوليات الأهم للإدارة المعاصرة هي إدارة الأزمات.

وتتطلب الإدارة السليمة للأزمات ما يلي [1]:

1- تحديد شخص أو جماعة أو دائرة مسؤولة رسمياً وصراحة عن الأزمات:

فمثلاً إذا أرادت الشركة (س) من إدارة الأزمات عليها أن تحدد شخصا معيناً يعرف بأنه مسؤول عن إدارة الأزمات، هذا الشخص قد يتفرغ لذلك أو قد يؤديها بالإضافة إلى وظيفته، فقد تكلف "مدير التسويق" ليكون أيضا مديراً للأزمات أو أن توسع واجبات دائرة التخطيط لتشمل إدارة الأزمات. هذا التحديد ضروري حتى تضمن وجود شخص يهتم فعلاً بالأمر لأنه ضمن واجباته، فأكثر المنظمات تعاني من الأزمات ليس لأنها كانت فعلاً مفاجئة لها بل لأنه لا يوجد من هو مسؤولاً عنها، فقد يواجه أصحاب المتاجر الصغيرة انتشار الأسواق الشاملة الكبيرة ولكن لا يوجد لديهم شخص محدد لمجابهة هذه الأزمة. كذلك شركات الاتصالات وجدت نفسها تواجه أزمة بسبب انتشار الهاتف النقال فيلزم لها أن تحدد إدارة لمواجهة هذه الأزمة.

---

[1] الأعمال- الخصائص والوظائف الإدارية، د. سعاد نائف برنوطي، دار وائل، عمان، الأردن، 2001، ص 289.

2-وضع خطة للتحوط للأزمات ومجابهة ما يحصل منها:

إذا ما تم تحديد شخص أو دائرة ليكون مسؤولاً عن إدارة الأزمات. فالخطوة الأولى في واجبه هي وضع خطة عمل للاهتمام بالأزمات. حتى بعد الخطة سيحتاج إلى أن يحدد المصادر المحتملة للتهديد والبيانات الضرورية لتشخيص احتمال حصول أزمة. ثم السياسات التي يمكن للمنظمة أن تستخدمها إذا حصلت أزمة ما، وما هي المعالجات الممكنة، ومن هو الفريق الذي يساعد في المجابهة وغيرها. مثل هذه الخطة تساعد في الاستعداد لمجابهة الأزمة. إذ يجب التنبؤ بالأزمات ونتائجها ووضع سيناريوهات على شكل خطط لمواجهة الأزمات التي تم التنبؤ عنها وعمل استعداد كافي مقدماً للتصرف في حالة حدوث أزمة مفاجئة.

3-استحداث أنظمة إنذار مبكر:

إن واحدة من العناصر المهمة لأية خطة لإدارة الأزمات هي وضع نظام لجمع البيانات للتنبيه إلى احتمال حصول أزمة.

التسمية الشائعة لهذا النظام هي "نظام إنذار مبكر". ولأنه نظام معلومات يصمم خصيصاً للإنذار عن احتمال حصول أزمة ما وحجمها:

فإذا كانت التطورات التكنولوجية هي مصدراً محتملاً لتهديد المنظمة، لا بد من تصميم نظاماً للمعلومات عن التطورات التكنولوجية المهمة ينبه حول تطورات يمكن أن تشكل تهديداً لها.

الفصل الخامس

مهارات الإدارة في الاتصال

الفصل الخامس

مهارات الإدارة في الاتصال

مفهوم الاتصال (communication)

الاتصال عملية Process نقل معلومات وأفكار، وعناصره ثلاثة المرسل والمتصل والمرسل إليه أو المتصل به ووسيلة الاتصال والاتصال يتميز عن الإعلام بأنه أشمل. ولقد عرف البعض الاتصال بأنه المجال الواسع لتبادل الحقائق والآراء بين الناس والاتصال هو شكل من التفاعل Interaction الذي يحدث من خلال الرموز Through symbols وهذه الرموز قد تكون حركة بدنية أو صورة أو شفافية أو حرفية أو منطوقة أو أي رمز آخر يمكن أن يعمل كمحرك Stimuli لاستجابة سلوكية قد لا يحركها الرمز نفسه في غياب ظروف خاصة للشخص المتلقي.

والاتصال يتضمن كل أشكال التعبير التي تخدم الغرض الذي يؤدي إلى الفهم المشترك Purpose of mutual understanding ويرى العلماء أن الإعلام والاتصال مصطلحين استخدما للتعبير عن ظاهرتين مختلفتين. فالاتصال هو عملية Process لتبادل الأخبار والمعرفة والمعلومات والآراء والرسائل بين الأفراد والجماعات والإعلام Media هو المنتج Product مثال ذلك الأخبار News والبيانات Data ومضامين ومنتجات أخرى لوسائل الاتصال الجماهيرية كالأنشطة الثقافية والصناعية[1].

---

(1) الاتصال الدولي والتكنولوجيا الحديثة/ بروفيسور علي محمد شمو، دار القومية العربية للثقافة والنشر، القاهرة – مصر، ص 31.

والمهتمون بقضايا الثقافة والتنمية يميلون إلى تعريـف الاتصال بأنـه تفاعـل إجرائي بوسـاطة الرسائل التي قد تكون بشرية أو تكنولوجيـة Communication is a social interaction by means of messages which are both human and technological.

يتضح مما سبق عرضه حول مفهوم الاتصال ومفهوم الإعلام بأنهما ليسا مترادفين ولا يرمزان إلى معنى واحد ولا يحملان نفس الدلالة أو الإشارة إلى دائرة معينة. فالاتصال هو الوعاء الأوسع والإعلام هو الشاغل الأهم لأكبر جزء في هذا الحيز الواسع ولذلك فإن المهتمين بشؤون الاتصال يتحدثون عن الثقافـة أو التعليم أو الفنون أو الإقناع التي تتميز به فئات المعلمين والمحامين والآباء والمدرسـين الـذين يهـدفون إلى تغيير أنماط السلوك الضارة وإحلال الأنماط الإيجابية مكانها عن طريق الإغراء والإقناع Persuation.

ولذلك فمن الممكن القول بأن الإعلام بالضرورة اتصال ولكن ليس الاتصال بالضرورة إعلام وخاصة عندما يحدث أحياناً على مستوى الأفراد مباشرة أو في داخل الفرد نفسه مثل أن يشرع في أي تصرف أو عمل خلال أنشطته الحياتية اليومية ويتضح ذلك عند البحث في مستويات الاتصال Communication levels وكذلك أنواع الاتصال. والاتصال قد يكون لفظي Verbal communication وقد يكون مرئي Visual communication وبناء على ما تقدم فقد يكون الاتصال شخصي أي محلي وقد يكون بوسائل عامة وعندها يكون دولي عبر الوسائل المرئية والمسموعة.

أهمية الاتصال:

يعتبر الاتصال أحد الوظائف والعمليات الإدارية الأساسية التي بدونها لا يتم إنجاز العمل فأي قصور في الاتصالات يمكن أن يؤثر سلبياً على مستوى أداء المؤسسات[1].

وتظهر أهمية الاتصالات الإدارية ودورها في الإدارة من خلال تأكيد بعض النظريات الإدارية وخاصة أنصار المدخل السلوكي في الإدارة Behavioral Approach على مبدأ المشاركة كأساس للإدارة الناجحة الذي يرى أن الإدارة ليست مجرد هياكل وأقسام إدارية كما يوحي المدخل البنائي أو الهيكلي Structural approach في الإدارة، فالتنظيمات الإدارية من وجهة النظر السلوكية ليست إلا علاقات واتصالات تجري في محيط العمل الإداري. ويمكن القول: بأن كلمة الاتصال من ناحية لغوية مشتقة من المصدر وصل بمعنى ربط أو أوجد علاقة بين طرفين ويفيد ذلك بأن عملية الاتصال عملية تفاعل بين طرفين وتسير في اتجاهات مختلفة وتتعدد تعاريف مفهوم الاتصال إذ يعرف هوكنز (Hawkins) وبرستون (Preston) عملية الاتصالات بأنها العملية التي يتم من خلالها تعديل السلوك الذي تقوم به الجماعات داخل التنظيمات وبواسطة تبادل الرسائل لتحقيق الأهداف التنظيمية[2].

ويعرفه آخرون بأن إنتاج وتجميع البيانات والمعلومات الضرورية لاستمرار العملية الإدارية بشكل يمكن من خلاله لكافة المعنيين الإحاطة بموضوعها، وتعديل سلوكهم وفقاً لها وحسب الوجهة المطلوبة. وكذلك يعرف ليلكو (Lillico) عملية

---

[1] مبادئ الإدارة، د. محمد قاسم القريوتي، دار وائل، 2001م، عمان، الأردن، ص 308.

[2] Brain L. Hakins and Paul Preston, Management Communication (Santa Monica, California:Goodyear Publishing Company, Inc.

الاتصالات بأنها وسيلة لتبادل المعلومات والأفكار لإظهار الوضع وتحسينه والتعبير عن الأفكار.

فعملية الاتصالات هي عملية التفاعل التي تحدث عندما يحول شخص (المرسل) رسالة ويستجيب لها طرف آخر (المستقبل) بشكل يرضي المرسل. فالاتصالات إذا عملية تفاعل وتأثير بين المرسل والمستقبل تبعاً للرسالة المرسلة ومن هنا تبدو أهمية الاتصال. وهنا علاقة بين الاتصال الجيد الذي يوفر الوقت والتكلفة على المؤسسة وارتباطه مع إدارة الوقت كوسيلة للتخطيط وخصوصاً التخطيط للاتصال.

إدارة الوقت كوسيلة للتخطيط للاتصال

يخطط المديرون ويحددون الاستراتيجيات والسياسات والإجراءات ومن ضمنها عملية الاتصال. ولكنهم كثيراً ما يفعلون التخطيط للوقت. إذ ينغمسون في الأعمال الروتينية اليومية وينسون معها الأعمال الأهم التي يجب أن يعطوها مزيداً من الوقت. وهذا أمر يحتاج منهم أن يهتموا بتخطيط الوقت بشكل يضمن تحديد الأهداف والأولويات وتحديد مضيعات الوقت بهدف الوصول للأهداف بكفالية وفعالية. وهذا يستلزم أخذ وقت الاتصال مستقبلاً بالأهمية في عملية التخطيط وذلك لأن الوقت أحد الموارد المهمة الذي لا يمكن الاحتفاظ به أو تخزينه كما هو شأن الموارد الأخرى الأمر الذي يجعل عدم التصرف به بشكل مناسب هدراً لموارد لا يمكن تعويضها.

وتتناول عملية تخطيط الوقت ومن ضمنها أخذ الاتصال الإداري مستقبلاً ضمن الخطة بالحسبان. تتخذ أربعة خطوات:

1- تسجيل الوقت المتاح خلال فترة زمنية محددة .

2- تصنيف وتحليل الأعمال إلى أعمال مهمة وأخرى أقل أهمية.

3- تحديد أولويات العمل حسب أهميتها ومساهمتها في تحقيق الأهداف الرئيسية للمؤسسة.

4- التصرف بالوقت وفق تلك الأوليات المحددة.

والمدير الفعّال والقائد الفعال هو الذي يولي تخطيط الوقت وتوفير الوقت في عملية الاتصال عناية تامة من أجل مصلحة المنظمة أو المنشأة.

عناصر الاتصال:

والاتصال يقوم على عدد من العناصر الرئيسية لتتم عملية الاتصال سواء الاتصال الفردي أو الشخصي أو الاتصال الدولي هذه العناصر هي:

1. المصدر Source وهو المتصل أو المرسل.

2. مصمم الشفرة Encoder أي جعل الاتصال له نتائج إيجابية.

3. الرسالة Message أي مضمون الاتصال

4. قناة أو وسيلة Channel لفظي أو مرئي أو مسموع أو إماءة أو صورة.

5. مترجم الشفرة Decoder أي رد فعل إيجابي على الاتصال.

6. متلقي Receiver وهو المتصل به أو المرسل إليه.

مستويات الاتصال

أما عن مستويات الاتصال فإن غالبية علماء الاتصال يرون أن هناك عدة مستويات للاتصال (Communication levels) هي:

1- الاتصال الذاتي أو الاتصال داخل الفرد Intra-Personal

Communication .

94

2- الاتصال بين الأشخاص Inter personal communication.

3- الاتصال مع المجموعات الصغيرة Small Group communication.

4- الاتصال بين الثقافات Inter cultural communication.

5- الاتصال مع الجمهور Public communication or public speaking.

6- الاتصال غير اللفظي Nonverbal communication.

7- الاتصال الجماهيري عبر الوسائل Mass media communication.

وظائف الاتصال

إن الاتصال مفهوم واسع ومجال رحب يضم كل أنشطة الاتصال بكل أشكالها ومستوياتها بما في ذلك الإعلام أو المعلومات لأن للاتصال وظائف عديدة اتفق العلماء على بعضها وأضاف علماء وظائف أخرى. وهذه الوظائف في الواقع ليست مفصولة عن بعضها البعض ويرى العلماء أن الاتصال أصبح عنصراً ضرورياً وحاجة ماسة vital need للكيانات الجماعية والجماعات. وأن المجتمعات بصفة عامة لا تستطيع ولا تملك القدرة على البقاء في عالم اليوم إذا لم يكن عندها القدر الكافي من المعلومات والمعرفة وإدارة المعرفة في الشؤون السياسية والأحداث المحلية والأحداث العالمية وأخبار المجتمعات وأخبار الطقس وأخبار المال وغيرها هذه الوظائف للاتصال تنطبق على كافة أشكال وأنواع الاتصال سواء المحلي أو الدولي وسواء اللفظي أو غير اللفظي وسواء المرئي أو المسموع أو المسموع المرئي في آن واحد ولعل أهم ما يجب أن يؤدي إليه الاتصال هو استجابة المتلقي أي ما يسمى بالتغذية العكسية أو التغذية الراجعة

95

Feed Back لأن نقل المعلومات والأفكار والمعارض من متصل إلى متلقي عـبر وسائل اتصال وقنـوات اتصال لا بد أن يوصل معلومات ومعارف تؤدي إلى استجابة ورد فعل لدى المتلقي أي التغذيـة الراجعـة وبذلك يكون الاتصال قد حقق وظائفه، هذه الوظائف هي:

1- الإعلام (Information): جمع المعلومات والمعرفة وتخزينها وتحليلهـا ومعالجتها وبثهـا في شكل أخبار وبيانات وصور وحقائق ورسائل وأفكار لاتخاذ موقف مناسب.

2- التعليم (education): أي توفير العلوم والمعارف والمعلومات بقصد رعاية وتنمية القـدرات العقلية وتكوين الشخصية والحصول على المهارات والقدرات.

3- الإقناع أو الإغراء (Persuasion): أي إثارة الجمهور وإغرائه للـدخول في حلبـة الاهتمامـات بالمسائل العامة التي تهم الناس والمجتمع.

4- الترفيه (Entertainment): أي نشر الدراما والرقص والفنون والآداب والموسيقى والرياضـة والكوميديا بواسطة الرموز والصوت والصورة وغيرها من وسائل إقناع الناس.

5- المشاركة الاجتماعية (Socialization): أي توفير مجموعة من المعلومـات والمعارف توضع في خدمة الجميع لتساعدهم على تحريك المجتمع.

6- الحث المباشر والتحفيز (Motivation): أي تطور الأهداف الآنية والمستقبلية لكـل مجتمـع وتحريك رغبات الفرد لتحقيق أهداف مطلوبة.

7- الحوار والجدل (Debate and Discussion): أي تسهيل وسائل تبادل

الآراء والأفكار للتوصل إلى هدف محدد مشترك.

8- ترقية الثقافة (Cultural promotion): أي نشر الثقافة وتطويرها والمحافظة على التراث والإنتاج الفني.

9- التكامل والتداخل (Integration): أي الإطلاع على الرسائل المتنوعة التي تحتاج إليها الأفراد للتعرف على بعضهم وتلبية احتياجاتهم.

أهداف عملية الاتصالات الإدارية:

تهدف عملية الاتصالات الإدارية في أية منظمة إدارية مهما كان نوعها إلى ما يلي[1]:

1- تسهيل عملية اتخاذ القرارات على المستويين التخطيطي والتنفيذي.

2- تمكين المرؤوسين من التعرف على الأهداف والغايات المطلوبة من التنظيم أن يحققها من خلال البرامج والخطط والسياسات.

3- تعريف المرؤوسين بالتعليمات المتعلقة بأصول تنفيذ الأعمال ودواعي تأجيلها أو تعديل خطط تنفيذها.

4- التعرف على مدى تنفيذ الأعمال والمعوقات التي تواجهها ومواقف المرؤوسين من المشكلات وسبل علاجها.

هذا وتخدم عملية الاتصالات التنظيم الإداري بطرق عدة على النحو التالي:

1- تساعد في عملية ضبط السلوك التنظيمي للعاملين إذ تعتبر خطوط الهياكل التنظيمية والسياسات مؤشرات يلتزم العاملون باتباعها في عملية

---

[1] زيدان عبد الباقي "الاتصال والإدارة" مجلة الإدارة العامة، العدد 34، 1979، ص 67.

اتصالاتهم برؤسائهم وفي تقديم لمقترحاتهم وتؤدي التنظيمات غير الرسمية نفس الوظيفة إذ تضبط سلوك أعضاءها.

2- تعزّز عملية الاتصالات الدافعية لدى العاملين لأنها تقوم بتحديد ما يجب عليهم القيام به وكيف يمكنهم تحسين أدائهم. إذ أن تحديد الأهداف وتوفير التغذية العكسية عن سير التقدم في تحقيق الأهداف وتعزيز السلوك المطلوب يستثير الدافعية.

3- تعتبر عملية الاتصالات وسيلة يعبر الأفراد من خلالها عن مشاعرهم وحاجاتهم الاجتماعية ونجاحاتهم وإحباطاتهم ومن شأن ذلك أن يخدم حالة التوازن المطلوبة في سلوك الفرد.

أما المعلومات التي يحتاجها المدير الفعّال أو القائد الفعّال والتي تشكل محور عملية الاتصال فهي عديدة ومنها[1]:

1- معلومات عن البيئة الخارجية التي يعمل فيها التنظيم.

2- معلومات عن التنظيمات المشابهة والمتعاونة والمنافسة.

3- معلومات داخلية تتعلق بالقدرات الذاتية للتنظيم وظروف العمل به.

ومن الجدير بالذكر أن الاتصالات جزء من الثقافة الاجتماعية لأي مجتمع ولا تأتي من فراغ. بل هي حصيلة التنشئة الاجتماعية أو التطبيع Socialization والتي تبدأ من مرحلة الطفولة وتستمر في مختلف مراحل العمر. وفي كافة الأدوار التي يلعبها الفرد في المجالين العام (الوظيفي) أو الخاص (الشخصي).

---

(1) مدخل في نظم المعلومات الإدارية والاقتصادية ، د. قيس سعيد عبد الفتاح وآخرين، الموصل، العراق، مطابع مديرية الكتب للطباعة والنشر بجامعة الموصل، الموصل، العرقا، 1981، ص 30.

محددات عملية الاتصال:

بما أن الإنسان هو المحرك الأساسي لعملية الاتصال إلا أن هناك مجموعة من الأطر المختلفة التي يعمل فيها الناس على تلك العملية هذه الأطر هي:

1-الإطار التقني:

يتحدد الإطار التقني للاتصالات بالأساليب المستخدمة في الاتصال بفعل الثورة التكنولوجية المتمثلة في أجهزة الحاسوب وشبكات الإنترنت ومحطات الأقمار الصناعية والهاتف المتلفز وغيرها من تقنيات الاتصال.

2-الإطار النفسي الاجتماعي:

ويتمثل هذا الإطار بعمليات الإدراك والدوافع الذاتية والتفاعلات المختلفة بين أطراف عملية الاتصال من صراعات وتوافق وتأثير الأدوار الرسمية والاجتماعية التي يلعبها الفرد على عمليات التواصل.

3-الإطار التنظيمي

يتحدد الإطار التنظيمي بطبيعة رسمات النظام الإداري الذي تتم عمليات الاتصال من خلال قنواته ونمط توزيع العمل وأسلوب اتخاذ القرارات، فالنظام المركزي بما يتطلبه من ضرورة الرجوع إلى قمة الهرم الإداري في المؤسسة يؤدي إلى بطء عملية الاتصالات وكذلك فإن اتباع اللامركزية في العمل يمكن أن يساعد في تسهيل عملية الاتصالات بسبب تفويض السلطة والصلاحيات.

4-الإطار الثقافي:

يستوعب هذا الإطار الأطر التقنية والتنظيمية والنفسية والاجتماعية ويتمثل الإطار الثقافي بمجموعة القيم والعادات والمعايير الاجتماعية السائدة التي تتحدد من

خلال عملية التنشئة الاجتماعية التي تقوم بها مؤسسات مختلفة في المجتمع مثل الأسرة والمدرسة ودور العبادة والعشيرة والحزب وما إلى ذلك.

المدير الفعّال وعملية الاتصال

يمكن تلخيص قائمة التوصيات التي تمكن أي مدير فعّال من القيام بالاتصالات الفعالة على النحو التالي[1]:

1- انقل المعلومات بشكل دقيق واضح لا يحتمل التأويل والتفسيرات المختلفة.

2- استمع للمتحدثين بانتباه لأن ملامحهم وطريقة حديثهم تحمل دلالات تساعدك على الفهم الأفضل لهم.

3- استخدم أفضل الوسائل المناسبة في الاتصال وحسب مستوى فهم من يتم الاتصال معهم.

4- شجع التغذية الراجعة وأفسح المجال لاستيضاح المرؤوسين حول ما تقوم به من اتصالات.

5- نظّم الرسائل التي توجهها بشكل واضح لأن التسلسل الجيد عامل يساعد على فهم الرسالة.

6- استخدم نمطاً دقيقاً وواضحاً في الاتصال فالتعقيد في اللغة يربك المستقبل.

7- تفهم احتياجات وخلفية المستعمين بعين الاعتبار فالمعلومات المبنية على فهم سابق للآخرين تكون أقرب للفهم والقبول.

---

(1) Kawkins and preston, Managerial Communicationpp.263.

8- افهم الإشارات غير الكلامية لمن تجري الاتصال معهم فهي تشكل جزءاً مكملاً للمعلومات وإن كان ذلك بشكل غير مباشر.

9- شارك باللجان بفعالية بحيث تستمع لآراء الآخرين وتسمعهم آراءك مما يساعد على توسيع أفقك.

10- تجنب سرعة الاستنتاج وعدم التروي.

نطاق الإشراف والمدير الفعّال

يؤثر نطاق الإشراف السائد في التنظيم على الاتصالات بين المدير والعاملين . ولذا فعلى المدير الفعّال تقديم النطاق المناسب للإشراف في ضوء عوامل عدة منها:

1- قدرات المدير ومدى إلمامه بالمرؤوسين.

2- درجة ومستوى وعي المرؤوسين.

3- طبيعة النشاطات التي يمارسها التنظيم.

ولنطاق الإشراف الواسع محاذير من أهمها:

- إن المدير قد ينغمس في اتصالات ثانوية وتفاصيل هامشية على حساب مهامه التخطيطية مما يؤدي إلى المركزية الزائدة في العمل. وعدم إعطاء فرصة للمستويات الوسطى والدنيا للتدريب على اتخاذ القرارات. ويستفاد من ذلك بأن على المدير إيجاد المعادلة المناسبة لنمط اتصاله الإداري بحيث لا يضيق نطاق الإشراف سعياً وراء الاتصالات الفعالة التي تحرر المدير من الاتصالات الثانوية ولا يتسع جداً إلى درجة تعيق الإشراف اللازم في سبيل حفظ المعلومات وعدم تشويشها. وهنا يكمن الفرق بين المدير الناجح الفعّال وبين من ليس لهم هذه القدرات.

101

ويضع أحد الكتاب في موضوع الاتصالات الإدارية قائمة بأهم الأمور التنظيمية الواجب على المديرين الناجحين والفعالين تذكرها في عملية الاتصالات ومن هذه الأمور [1]:

- تحديد الأولويات في عملية الاتصالات.

- وجود طريقة منظمة للاتصال الشخصي المباشر مع المستويات الإدارية المسؤولة لشرح كافة القضايا معها.

- ضرورة التقاء الرؤساء المباشرين دورياً مع الجماعات التي يشرفون عليها.

- وجود لوحة إعلانات أو نشرة إعلامية دورية ونظام توزيع كفؤ لها.

- وجود تعليمات لكافة المديرين تبين هذه الاتصالات.

- التعرف على احتياجات التدريب في مجالات الاتصالات.

- وجود نظام فحص لكفاءة الاتصالات.

- الاستعانة بلجان استشارية لتقوم بدراسة عملية الاتصالات وكفاءتها.

- التأكد من وجود تقارير سنوية مكتوبة عن أداء الموظفين وعقد اجتماعات دورية.

وسائل الاتصال الرئيسية:

يمكن تقسيم وسائل الاتصال الإداري الرسمي بشكل رئيسي إلى ما يلي [2]:

1- الاتصالات الشفوية

---

[1] العلاقات الإدارية في المؤسسات العامة والشركات، دار عالم الكتب، القاهرة، مصر، د. محمود فهمي العطروزي، 1969، ص 361.

[2] الإدارة: المفاهيم والأسس والمهام، د. إبراهيم عبد الله المنيف، دار العلوم، الرياض، المملكة العربية السعودية، 1980، ص 1730.

2-   الاتصالات الكتابية.

3-   الاتصالات الحركية.

-الاتصالات الشفوية:

وتمتاز بالبساطة والوضوح وتناسب الموظفين في المستويات الإدارية الدنيا وتمكن المستقبل من استيضاح النقاط الغامضة وتمكن المرسل من التأكد من فهم وإدراك المستقبل للرسالة المرسلة إليه وتوطد العلاقات الإنسانية وتزيل الحواجز بين الرؤساء والمرؤوسين وتشعر الجميع باطمئنان أكبر.

ولكي يتصف الاتصال بأنه اتصال فعال يجب توافر الخصائص التالية في المرسل:

1-   الثقة في النفس والمعرفة الكاملة بالموضوع .

2-   وضوح النطق واللفظ.

3-   القدرة على الإقناع واتباع أسلوب المشاركة.

4-   الأمانة.

5-   الود والصداقة.

6-   كسب اهتمام المستمع.

أما عيوب الاتصال الشفوي:

فتكمن في عدم الدقة وعدم قدرة البعض على الاتصال الشفوي الجيد. وتفقد الرسائل جزءاً من محتواها بعد صدورها مباشرة بنسب مختلفة حسب ماهية الرسالة وموضوع الرسالة كما أن هذا الأسلوب لا يمكن الاعتماد عليه خاصة في المؤسسات كبيرة الحجم لأنه يستغرق وقتاً طويلاً.

-الاتصالات الكتابية:

ويشمل هذا الأسلوب في الاتصالات كل من المذكرات الداخلية والتقارير الرسمية، وتعتبر هذه الاتصالات على جانب كبير من الأهمية في الأعمال الإدارية على اختلافها سواء كانت تقارير أو أوامر إدارية أو شكاوي. ويجب أن تكون مكتوبة كي يتمكن المستقبل من دراستها بإمعان وتفكّر. ثم يحفظها ضمن الملفات ليتسنى الرجوع إليها عند الحاجة. ويمكن توصيلها إلى أكبر عدد ممكن من العاملين في التنظيم بسرعة، وهي أقل عرضة للتحريف والتشويه وتناسب المعلومات الفنية المعقدة. وبشكل عام فإنه مع اتساع حجم التنظيمات تزداد عملية الاتصال تعقيداً لأنها بذلك تشمل مستويات إدارية كثيرة ويشترك بها أعداداً كبيرة من العاملين.

-الاتصالات الحركية:

ويشمل هذا النوع من الاتصالات استخدام لغة الجسم وتعبيرات الوجه والعيون في إرسال الرسائل.

وبالإضافة لهذه الوسائل يتواجد هناك وسائل اتصال أخرى مثل وسائل الاتصال المصورة وهي ذات الاستخدامات الواسعة في ميادين الأعمال.

ورغم أن الاتصالات الكتابية تعتبر الوسيلة الرئيسية في الاتصالات، إلا أن لكل أسلوب ميزاته وظروفه المناسبة. ويتم اعتماد أسلوب دون الآخر حسب الرسالة وحسب ما تستلزمه الوسيلة وكذلك نوعية الفئات التي توجه إليها الرسائل.

أشكال الاتصالات الإدارية

يمكن تقسيم أشكال الاتصالات الإدارية على النحو التالي[1]:

- الاتصالات العمودية.
- الاتصالات الصاعدة.
- الاتصالات الأفقية.
- الاتصالات الشبكية.

الاتصالات العمودية

يتمثل هذا الشكل من الاتصالات بالصور التالية :

الصورة الأولى: اتصال اتجاهه من أعلى إلى أسفل من المدير إلى المرؤوسين في ظل التنظيمات التقليدية الهرمية ويعتبر التظيم العسكري المثل الكلاسيكي على هذا النوع من الاتصالات لما يسوده من تسلسل رئاسي ويقوم على نطاق إشراف ضيق ذو مستويات إدارية متعددة.

الصورة الثانية: يأخذ الاتصال شكل الدائرة التي يتوسطها المدير والذي يعتبر مركز اتخاذ كافة القرارات لكونه يسيطر على كافة قنوات المعلومات الصادرة منه وإليه فهو محور كل الاتصالات مما قد يؤدي إلى حصول التنافس بين العاملين في محاولاتهم التقرب منه.

ومن سيئات هذا النمط انخفاض الروح المعنوية لدى العاملين لأنهم لا يحسون بأي دور لهم مما يؤدي بهم بالتالي إلى عدم الاكتراث بما يجري داخل التنظيم وهو أمر يؤثر سلبياً على إنتاجياتهم. وتعتبر السياسات والإجراءات والأوامر والتعليمات التي يصدرها القادرة الإداريون للمستويات الدنيا والتي تتضمن نقل التعليمات اللازمة

(1) السلوك الوظيفي والأداء، د. حنفي محمود سيمان،دار الجامعات المصيرية، القاهرة، مصر، ص 276، (دون تاريخ).

والتوجيهات أحد مظاهر هذا الشكل من الاتصالات. إذ بدون هذه الاتصالات يتعذر على العاملين معرفة الأصول الصحيحة لأداء العمل. ويتوجب على المدير عندما يصدر التوجيهات أن يتوخى الوضوح والدقة في التعليمات ليجنب المرؤوسين الارتباك والحيرة في المحاولة للتعرف على ما يقصده من التعليمات. وكذلك من واجب الرؤساء تهيئة المرؤوسين نفسيا لتقبل التوجيهات بحيث لا يفاجئون بأية تغييرات. ومن الأمثلة على هذا النوع من الاتصالات الاجتماعات التي يعقدها المديرون مع مرؤوسيهم وكذلك النشرات والزيارات الميدانية والتقارير الدورية.

على المدير الفعّال أن لا يقصر اتصالاته على الأوامر والنقد بل أيضا أن تشمل مناحي الإعجاب والتقدير للمرؤوسين.

الاتصالات الصاعدة:

يتمثل هذا النوع من الاتصالات بالمعلومات التي ينقلها العاملون في المستويات الأمامية (الدنيا) إلى الإدارات في المستويات العليا وذلك لتوضيح أفكارهم ومشاكلهم بشكل يتيح لهذه القيادات اتخاذ القرارات والتوجيهات المناسبة. إذ لا يمكن أن تأتي التوجيهات العليا دون التعرّف على وجهات نظر العاملين في مختلف المستويات الإدارية.

ومن التطبيقات على هذا النوع من الاتصالات التقارير التي يرفعها العاملون للإدارة وكذلك الاجتماعات المشتركة بين الإدارة والعاملين التي تتيح للعاملين تقديم اقتراحاتهم.

الاتصالات الأفقية:

يتميز هذا الشكل من الاتصالات بحرية تبادل المعلومات بين العاملين من مختلف المستويات وحسب الضرورات وتتميز هذه الاتصالات بالديموقراطية إذ أن هناك حرية لانسياب المعلومات بين مختلف الأطراف طبقاً لمقتضيات العمل ويصلح هذا النمط في التنظيمات الصغيرة.

الانصالات الشبكية:

يشير هذا النمط إلى الاتصالات المفتوحة في كل الاتجاهات من الرئيس للمرؤوسين، للرؤساء وما بين رؤساء الأقسام من نفس المرتبة الإدارية وبينهم وبين المستويات دونهم وفوقهم.

الاتصال الفعّال:

يتحقق الاتصال الفعال إذا كان المعنى الذي في ذهن "المرسل" هو نفس المعنى الذي فسره "المتلقي" وبالتالي يتحقق الهدف من الاتصال ويوصف بأنه اتصال فعال.

إن البداية السليمة لعملية الاتصالات والتي تتعلق بالمعلومات وأصول تبادلها هي وضوح المعلومة التي يريد الرئيس الإداري توصيلها إلى المرؤوسين ومن هنا يمكن القول بأن خطوات الاتصال الفعّال هي:

1-إصدار التعليمات:

وتتمثل هذه الخطوة ينحصر التعليمات اللازمة لحسن سير العمل وصياغتها بشكل يمكن للمعنيين فهمه بسهولة ويسر.

2-ضمان وصول التعليمات للجهات المعنية في الوقت المناسب:

فلا بد من مراعاة اختيار الوسائل والقنوات المناسبة لنقل مختلف التعليمات.

3-التأكد من متابعة التنفيذ والتقويم:

فلا بد من مراقبة المنفذين والتأكد من قيامهم بأعمالهم وفق التعليمات الموجهة إليهم وإذا كان هناك أي خلل في التنفيذ يتم تصحيحه وتقويمه.

معوقات الاتصال الفعّال وطرق التغلب عليها:

يمكن بيان معوقات الاتصال فيما يلي:

1-معوقات نفسية

فتفسير الفرد وفهمه لمضمون أي رسالة يرسلها أو يتسلمها يتوقف على حالته النفسية وطريقة تفكيره. كما تلعب الدوافع لدى الأفراد دوراً كبيراً في ترجمة وتفسير كل كلمة تصلهم من رؤساهم تفسيرات متفاوتة. كما تعتبر التحيزات الاجتماعية من عوائق الاتصالات الرئيسية لأنها تؤدي إلى ظهور الأنانية وإبراز العلاقة العدائية.

2-معوقات ناشئة عن طبيعة التنظيم:

- غموض الأدوار وعدم تحديد الصلاحيات أو عدم مناسبة نطاق الإشراف الذي يؤدي إلى تشويش الاتصالات.
- مركزية التنظيم وزيادة المستويات الإدارية وعدم تجانس الجماعة.

ويمكن القول بأنه يمكن تقليل الصعوبات التي ترافق عملية الاتصال إلى حد كبير إذا ما سارت عملية الاتصال ومن الاتصال الفعال ابتداء من وضوح الرسالة المراد نقلها وانتقاء الرسالة ومعرفة التغذية العكسية أو التغذية الراجعة Feedback من المتلقي أو المتصل به أو المرسل إليه بحيث يتم تقييم مدى فعالية الاتصال.

وتدل الدراسات الميدانية على الاتصالات في الشركات الناجحة في الولايات المتحدة الأمريكية على أن هناك عدة عوامل تساهم في فعالية الاتصالات وذلك على النحو التالي[1]:

1- إعطاء القيادات الإدارية الأهمية اللازمة للاتصالات وضرورتها لتحقيق الأهداف المنشودة للمنظمة.

2- تطابق أفعال القيادات الإدارية مع أقوالها، فإذا لمس العاملون تناقضاً بين ما تطالب القيادات الإدارية به من سلوكات وبين ما تمارسه من أفعال، فقدت الاتصالات فعاليتها.

3- زيادة التفاعل وتبادل الرأي بين الإدارة والعاملين بحيث تكون الاتصالات ذات اتجاهين من أعلى إلى أسفل ومن أسفل إلى أعلى أو يشعر المديرون بمسؤوليتهم وواجبهم في تعريف العاملين بما يجري في التنظيم.

4- التأكيد على أهمية الاتصالات وجهاً لوجه لأهمية ما تعطيه هذه الاتصالات والتي لا يمكن للاتصالات الكتابية الرسمية أن تحققها.

5- قبول الإدارة لسماع الأخبار السيئة وليس فقط الأخبار الجيدة إذ تساعد مثل هذه الروح على حرص العاملين أن يعكسوا المعلومات كما هي دون تحريف.

6- مراعاة طبيعة ومستوى إدراك متلقي الرسالة، إذ يختلف الأفراد الذين توجه لهم الاتصالات بأشكالها المختلفة. مما يوجب على المعنيين أخذ ذلك بعين الاعتبار عند إجراء عملية الاتصالات.

---

[1] Stephen P. Robbins, Organizational Behaviour New Jersey Princtice –Hall International 1998, p. 325-328

فاعلية الاتصال:

تتأثر فاعلية الاتصال بمجموعة من العوامل أهمها[1]:

1- أن يكون خط الاتصال قصيراً ومباشراً قدر الإمكان كي لا يحدث تحريفاً في مضمون الاتصال.

2- أن يدرك المتصل حقيقة ما يريد نقله للآخرين فإذا لم يكن ملماً بمضمون ما يريد إيصاله لن يكون هناك اتصال فعلي.

3- أن يراعي المتصل الوضوح في التعبير عما يريد نقله بحيث لا يحدث التباساً لدى المتصل به في فهم المضمون.

4- أن تتصف عملية الاتصال بالمرونة بحيث يترك قدر من الحرية في تعديل وشرح المعلومات المرسلة من الأعلى إلى أسفل بما يتلاءم مع المستوى الفكري والثقافي للمرؤوسين في المستوى الإداري الأدنى.

5- أن يتأكد المتصل من أن اتصاله قد حقق الغاية أو الهدف الذي يريده والذي قامت من أجله عملية الاتصال ولتحسين فاعلية الاتصالات، وضعت جمعية إدارة الأعمال الأمريكية مجموعة من النصائح والإرشادات الموجهة للمرسل أو المتصل التي من المفيد التقيد بها على النحو التالي:

- حدد الغرض من الاتصال بوضوح.

- في ضوء الغرض من الاتصال حدد الأفكار والمعاني التي تريد نقلها للآخرين.

---

(1) الإدارة: أصول وأسس ومفاهيم، د. عمر وصفي عقيلي، دار زهران، عمان، الأردن، 1997، ص 401.

- خذ في اعتبارك ألا تحاول تحقيق أهداف متعددة في الاتصال الوارد لأن ذلك يحدث تشويشاً.
- اجعل مضمون الاتصال تفسيراً لغاية اتصالك وحاول أن يكون واضحاً ومفهوماً.
- تابع الاتصال الذي تقوم به لتقف على العقبات التي تحول دون تحقيق الهدف منه لتسعى إلى إزالتها.
- اجعل تصرفاتك تؤيد اتصالاتك فالاتصال المقنع ليس هو ما تقوله بل هنا ما تفعله.
- لا تحاول أن تكون مفهوماً فقط في اتصالك بل أن تكون فاهماً لأسئلة واستفسارات من تتصل معهم.

الاتصال المتعاطف:

من المفيد جداً في عملية الاتصال الشفهي أن نفهم المعنى الواضح المباشر وأيضا المعنى الضمني غير المباشر. ويتم نقل المعنى الواضح المباشر عن طريق معاني الكلمات التي يستخدمها المرسل، ومن أجل فهمها، من الضروري أننعير انتباهنا العميق إلى كل ما يقال، فعلينا أن نستخدم شعورنا وإحساسنا في إدراك المعاني الضمنية لدى المرسل إذا كان علينا أن نسمع الشخص من الداخل ويستدعي الإنصات إلى الشخص من الداخل (أي المعاني الضمنية للرسالة) إلى التعاطف (Empathy) الذي

يتطلب قدرة لدى المستمع على وضع نفسه في مكان الشخص الآخر، وتقلد دوره ووجهة نظره وعواطفه فالإنصات المتعاطف هو سماع وفهم المحتوى العاطفي والمشاعر والحالة النفسية ومزاج الشخص الآخر. إن الإصغاء أو الإنصات المتعاطف جزء من الاتصال الشخصي الذي يحدث بين شخصين وفي اتجاهين، ففي المنظمة أو المنشأة على المدير الفعال وأعضاء الإدارة إذا أرادوا أن يحققوا اتصالاً ناجحاً ذو اتجاهين مع الآخرين أن يتيحوا الفرصة للآخرين في أن يعبروا عن أنفسهم. ولتشجيع مثل هذا التعبير يكون من المناسب استخدام الطرق الموجهة المطبقة في الطب النفسي، التي يقوم بموجبها الشخص المكلف بتنفيذ المقابلة بتشجيع الفرد على التعبير عن مشاعره وعواطفه ورغباته.

ولتحقيق ذلك على المكلف بإجراء المقابلة أن يصغي بدلاً من أن يتكلم معظم الوقت.

وفيما يلي عرض لبعض الإرشادات التي تحسن من الإنصات المتعاطف:

1- لا تصدر أحكاماً أولية سريعة، فهذا الأمر يضع سداً أمامك لفهم كامل ما يقوله لك المتصل (ويكون هنا في العادة المرؤوس).

2- استمع إلى كل ما يقوله المتصل لك وأعطيه الفرصة لأن يعبر عن كل ما يجول في خاطره عن طريق التشجيع.

3- تذكر أن الاستماع المتعاطف هو عبارة عن وضع نفسك في موقف الشخص الآخر المتصل (وهو المرؤوس عادة) وحاول أن تتحمس المعاني الضمنية أكثر من المعاني المرتبطة بالكلمات التي يقولها، فلاحظ الحماسة، والتوتر، والعداء، والإحباط والمراوغة، والأمور التي تجنبها.

4- حاول الاستفسار دائماً فهذا يشجع المتصل أن يعطيك ما لديه أكثر فأكثر. وتجنب الأقوال التي تضع حدوداً للاستمرار في الحديث.

5- بعد الانتهاء من الحديث استرجع جميع المعلومات التي سمعتها وحاول تحليلها وتفسيرها بعناية من وجهة نظرك وليس من وجهة نظر مرؤوسك.

6- حاول أثناء الحديث أن لا تكون هناك مقاطعة كدخول السكرتيرة أو الرد على الهاتف لأنه يشوش المتصل ويقلل من استمرارية استيعابك.

الفصل السادس

مهارات الإدارة في اتخاذ القرارات

الفصل السادس

مهارات الإدارة في اتخاذ القرارات

تعريف اتخاذ القرارات[1]:

يمكن تعريف اتخاذ القرارات بأنها عمل فكري وموضوعي يسعى إلى اختيار البديل (الحل) الأنسب من بين بدائل متعددة ومتاحة أما متخذ القرار وذلك عن طريق المفاضلة بينها باستخدام معايير تخدم ذلك وبما يتماشى مع الظروف الداخلية والخارجية التي تواجه متخذ القرار. وبالتالي فالقرار واتخاذه ما هما في الواقع إلا انعكاس لسلوك سيقع مستقبلاً ولنتائج متوقعة ستترتب على هذا السلوك.

وعليه يمكن القول أن اتخاذ القرار عمل مرادف لعمل المدير وللعملية الإدارية. وبالتالي لا نجد مديراً أياً كان تخصصه ومجال عمله ومستواه الإداري إلا ويتخذ قرارات متعددة ومتنوعة ضمن نطاق السلطة الممنوحة له .

وفي تعريف اتخاذ القرارات لا بد من التوضيح والتمييز بين شيئين هامين هما:

1-القرار الإداري:

ويعبر عن الحل أو التصرف أو البديل الذي تم اختياره من بين عدة حلول وطرق متاحة أمام متخذ القرار. وذلك من أجل التعامل مع أمر ما أو مشكلة معينة حيث يعبر هذا الاختيار من خلال المفاضلة عن الحل الأمثل.

---

(1) الإدارة أصول وأسس ومفاهيم، د. عمر وصفي عقيلي، دار زهران، عمان، الأردن، 1997، ص 210.

2-عملية اتخاذ القرار الإداري:

وتعبر عن مجموعة من الخطوات العملية المتتابعة التي يستخدمها متخذ القرار في سبيل الوصول إلى واختيار القرار الأنسب والأفضل.

يتضح من ذلك أن القرار الإداري هو نتاج لعملية اتخاذ القرارات الإدارية التي يقوم الشخص المسؤول صاحب السلطة ولا يغيب عن الأذهان أن عملية اتخاذ القرار الإداري إنما هي تجسيد لوظيفة التخطيط التي يمارسها المديرون جميعاً والقرار عبارة عن اختيار يتم من بين بديلين أو أكثر من البدائل المتاحة. فإن اختيار البديل الأفضل للوصول إلى الأهداف يعني صنع قرار. والمدير يجب أن يصنع قرار عندما يقوم بإنجاز الوظائف الإدارية المختلفة يجب أن يصنع المدير العديد من القرارات كل يوم.

إن هذه القرارات ليست متساوية الأهمية بالنسبة للمنظمة، يؤثر بعضها على عدد كبير من أعضاء المنظمة، يأتلف أموالاً كثيرة لتنفيذه، أو يكون له تأثير طويل الأمد على المنظمة.لا يكون تأثير هذه القرارات المهمة على نظام الإدارة نفسه فقط وإنما يكون أيضا على مهنة المدير في حين أن بعض القرارات تكون غير مهمة تؤثر فقط على عدد قليل من أعضاء المنظمة تنفيذها قليل التكاليف ولها تأثير قصير الأجل فقط على المنظمة[1].

ويمكن تعريف القرار الإداري[2]: كونه حصيلة اختيار أفضل البدائل المتاحة بعد دراسة النتائج المتوقعة من كل بديل وأثرها في تحقيق الأهداف المطلوبة.

[1] الإدارة الحديثة، مصطفى نجيب شاويش، دار الفرقان، عمان، الأردن، 1993، ص245.
[2] مبادئ إدارة الأعمال، د. خليل محمد حسن الشماع وآخرون، دار الكتاب، الموصل، العراق، 1985، ص 106.

كما عرف القرار الإداري كونه حصيلة الاختيار والتدقيق لأحد البدائل من بين اثنين أو أكثر من مجموعة البدائل المتاحة[1].

ومن خلال استقراء عملية اتخاذ القرار الإداري ترى أن عناصر القرار تتألف من:

1- وجود مشكلة.

2- أن هناك بدائل مختلفة.

3- وجود هدف يسعى إلى تحقيقه متخذ القرار.

4- توفر الوعي والإدراك في اختيار البديل.

5- المناخ الذي يتخذ فيه القرار والذي يحيط بالقرار وما يتضمنه من اعتبارات منها:

أ. شخصية متخذ القرار.

ب. ما سبق اتخاذه من قرارات داخل المنظمة.

ج. الظروف التي تحيط بعملية اتخاذ القرار.

د. المتغيرات البيئية بمختلف أنواعها حيث أنها عناصر لا يستطيع متخذ القرار أن يتحكم بها[2].

---

[1] Tannen Baun . R. Washer and F. Massarik, Organization (N.Y: © McGraw-Hill Books 1961) p 297

[2] أساسيات في الإدارة، د. سليمان اللوزي وآخرون، دار الفكر، 1998، ص 71.

خطوات اتخاذ القرار الإداري:

1- تحديد المشكلة.

2- جمع المعلومات والحقائق وتحليل المشكلة.

3- تطور الحلول والتنبؤ بنتائجها.

4- اختيار البديل الأمثل.

5- مرحلة اتخاذ القرار وتنفيذه ومتابعته.

المشاكل التي تصادف الإدارة في عملية اتخاذ القرار:

1- صعوبة تفهم الإدارة للموقف الإداري أو المشكلة.

2- الصعوبة في تحديد عناصر المشكلة وإدراك العلاقة بين تلك العناصر أو التركيز على عناصر جانبية غير مهمة.

3- سوء الاستنتاجات والتوصيات.

أهمية اتخاذ القرارات:

تعتبر عملية اتخاذ القرارات عملية هامة جداً وقد أكّد على أهميتها عدد من المفكرين والكتاب من أبرزهم "هربت سيمون" الذي وضع نظرية في الإدارة أسماها بنظرية اتخاذ القرارات.

فقد شبه سيمون اتخاذ القرارات بقلب الإدارة النابض الذي يحقق للمنظمة الاستمرارية في النشاط والعمل.

والإدارة كتحصيل حاصل هي اتخاذ قرارات. ولا تتحرك الأنشطة والأعمال ولا تنفذ إلا من خلال سلسلة من القرارات المتخذة بشكل مترابط متكامل في سبيل تحقيق الأهداف بكفاءة عالية. وقد أصبح ما يميز الدير الناجح الفعّال عن غير المدير الناجح هو كفاءته ومهارته في اتخاذ القرارات وهذا ينطبق على نجاح أو إخفاق المنظمة فالقرار الخاطئ له تكلفة قد تؤدي إلى خسائر كبيرة والمدير الذي يريد أن يكون من رجال اتخاذ القرارت الجيدة عليه تحمل ومعايشة قراراته بعزيمة وثبات وهمة عالية.

عناصر عملية اتخاذ القرارات الإدارية:

1- متخذ القرار: وقد يكون فرداً أو جماعة حسب الحالة. وأياً كان متخذ القرار فلديه السلطة الرسمية الممنوحة له بموجب النظام الداخلي أو التفويض له من جهة رسمية تمتلك هذه السلطة التي تعطيه الحق في اتخاذ القرار.

2- موضوع القرار: ويمثل المشكلة التي تستوجب من متخذ القرار تبني حل أو تصحيح انحراف معين أو توقع منتظر. ولا شك أن المشاكل كثيرة جداً ومتنوعة لاحصر لها ومنها ما هو الخطير الذي قد يؤدي إلى كارثة ومنها ما هو قليل الاهمية.

3- الأهداف والدوافع: القرار المتخذ إنما هو تعبير عن سلوك أو تصرف معين يراد القيام به من أجل تحقيق هدف أو غاية معينة. فكما هو معروف في مجال العلوم السلوكية والدفعية الإنسانية وراء كل عمل أو سلوك دافع ووراء كل دافع حاجة معينة يراد إشباعها. فالهدف هو تجسيد للحاجة فتحقيق الهدف يعني حدوث عملية الاشباع. وبناء على ذلك لا يتخذ قراراً إلا إذا كان وراءه دافع لتحقيق هدف معين.

4- المعلومات والبيانات: عند اتخاذ قرار حيال موضوع ما أومشكلة ما، لا بد من جمع معلومات وبيانات كافية عن طبيعة المشكلة أو الموضوع وأبعادهما. وذلك لإعطاء متخذ القرار رؤية واضحة عنهما. والمنظمات الحديثة اليوم لديها نظام متكامل للمعلومات يوفر لمتخذ القرار ما يشاء من معلومات وبيانات وإحصاءات بسرعة متناهية من خلال استخدام الحاسبات الإلكترونية.

5- التنبؤ: وهو شيء أساسي لمتخذ القرار، وذلك لأن معظم القرارات تتعامل مع متغيرات مستقبلية معظم اتجاهاتها مجهولة يجب التنبؤ بها وتقديرها. وتحديد انعكاساتها وتأثيرها في المنظمة. فالتنبؤ يساعد متخذ القرار في أن يستطيع ما سوف يحدث في المستقبل وعليه فهو ركن أساسي من أركان عملية اتخاذ القرار.

6- البدائل: البديل أو الحل يمثل مضمون القرار الذي سوف يتخذ لمعالجة موضوع أو مشكلة ما، والواقع من النادر أن يكون هناك حل واحد للموضوع أو المشكلة، فعلى الأغلب هناك أكثر من حل واحد وبالتالي فمتخذ القرار الجيد هو الذي يصنع أكثر من بديل واحد وتكون مناسبة ليختار أنسبها.

7- القيود: يواجه متخذ القرار عدداً من القيود البيئية الداخلية والخارجية تصنع معوقات أمامه عند اتخاذ القرار وهذه القيود عليه أن يحسن التعامل معها ويذللها حتى يتمكن من اتخاذ القرار.

أنواع القرارات:

هناك عدة أنواع للقرارات يمكن بيانها على النحو التالي:

1-القرارات المبرمجة والقرارات غير المبرمجة.

أما القرارات المبرمجة فهي روتينيةومتكررة وتعتمد على الخبرات الشخصية للمديرين ومعرفتهم بالمواقف السابقة المماثلة بالإضافة إلى استخدام التقدير الشخصي وتكون المشاكل التي تتخذ في مواجهتها بسيطة ولا تحتاج إلى تحليل طويل. كما يمكن القول أن مثل هذه الأعمال الروتينية والمتكررة والتي تتخذ بشأنها قرارات مبرمجة تقوم الإدارة بتطويرطرق محددة لمعالجتها.

أما القرارات غير المبرمجة فتتخذ لمعالجة المشاكل غير الروتينية وتتميز هذه القرارات بأنها جديدة وغير متكررة ولها آثار هامة على نشاط المنظمة في المدى الطويل ويصعب تغييرها إلا بعد مضي فترة طويلة وتتخذ القرارات غير المبرمجة في ظل التأكد والمخاطرة وعدم التأكد.

2-القرارات التنظيمية والقرارات الفردية:

أما القرارات التنظيمية فهي تلك التي يصنعها المديرون بموجب أدوارهم الإدارية والرسمية مثل الاستراتيجيات والأهداف والموافقة على ا لخطط.

أما القرارات الفردية: فتتعلق بالمدير كفرد وليس باعتباره عضواً في المنظمة. إن هذه القرارات لا تفوض لأحد لأن تنفيذها لا يتطلب دعم من أعضاء المنظمة.

3-القرارات الأساسية والقرارات الروتينية:

أما القرارات الأساسية فينظر إليها على أنها أكثر أهمية من تلك الروتينية. تشمل القرارات الأساسية التزامات طويلة الأجل، صرف مبالغ كبيرة مما يعني أن أي خطأ يحدث في مثل هذه القرارات يمكن أن يعرض المنظمة للخطر.

أما القرارات الروتينية فهي متكررة بطبيعتها وذات تاثير بسيط وثانوي على المنظمة. ولهذه الأسباب تقوم معظم المنظمات بوضع كثيرمن الإجراءات لترشد المدير في معالجة هذا النوع من القرارات.

4-القرارات الاستراتيجية والقرارات التشغيلية:

تتخذ القرارات الاستراتيجية عادة في نطاق سلطة الإدارة العليا وهي غالباً ما تتصف وتتميز بالأهمية والحداثة والتعقيد والشمولية وديمومة تأثيرها. وهي لا تتكرر باستمرار وغالباً ما تتضمن متغيرات لا يمكن التحكم بها مثل تصرفات المنافسين والحالة الاقتصادية العامة أما القرارات التشغيلية فهي تهتم بأمور المنظمة اليومية وبالتالي فهي تقع ضمن التخطيط القصير الأجل.

5-القرارات المحدودة والقرارات غير المحدودة:

تكون قرارات الرؤساء في الإدارة الدنيا محدودة بطبيعتها أو تخضع لقرارات سابقة اتخذت بخصوص سياسة المنظمة وإجراءاتها وقواعد العمل فيها.

أما القرارات الاستراتيجية والتي تتميز بالجدية والحداثة وعدم وجود قرارات سابقة عليها في الغالب فيمكن وصفها بأنها قرارات غير محدودة أي متحررة نسبياً من وجود قرارات مفروضة سابقة عليها.

6-القرارات في ظل المخاطرة والقرارات في ظل التأكد:

القرارات في حالة التأكد: تتخذ هذه القرارات في حالة التأكد التام بنوع وطبيعة المتغيرات التي تؤثر في القرار المنوي اتخاذه وعليه فإن نتائج القرار وتأثيراته تكون معروفة بشكل مسبق.

أما القرارات في ظل المخاطرة: فهي القرارات التي تتخذ في ظروف معروفة وهناك احتمال حدوثها ودرجة الاحتمال معروفة نسبياً أيضا وهذه الدرجة تكون متفاوتة من قرار إلى آخر. فهناك مثلاً قرار عائده كبير لكن درجة المخاطرة المصاحبة له كبيرة في حين قرار آخر عائده قليل لكن درجة المخاطرة المصاحبة له ضئيلة جداً.

7-القرارات المخططة والقرارات الطارئة:

تتصف القرارات الطارئة بدرجة عالية من الإلحاح والاستعجال فهي تكون عادة مفاجئة نتيجة ظهور مشكلة طارئة تمارس ضغطاً على متخذ القرار الذي لا يجد متسعاً من الوقت ليجمع المعلومات والبيانات ويحللها كما هو في الظروف المعتادة أما القرارات المخططة فتتخذ في ضوء الدراسة والتحليل والتقصي وجمع المعلومات عن طبيعة المشكلة وأبعادها، فهي ليست قرارات طارئة وهي نتيجة حتمية للتخطيط السليم.

8-قرارات المبادأة والقرارات المحولة:

يتجنب بعض الرؤساء في المنظمات اتخاذ القرارات إلى أن يطلب منهم ذلك من جهة عليا أو رئيس أعلى أو تحول لهم مشكلة من قبل مرؤوسيهم تحتاج إلى حل فالرؤساء هنا يكون عنصر المبادأة لديهم ضعيفاً فهم ينتظرون المشاكل لحين ظهورها ليعالجوها باتخاذ قرارات تدعى القرارات المحولة. وعلى النقيض من ذلك هناك رؤساء

مبادرون يبحثون عن المشاكل ويحاولون التنبؤ بها قبل حدوثها ليعالجوها. هؤلاء الرؤساء يكونوا في العادة طموحين ويحبون الإنجاز وتكون قراراتهم إبداعية ابتكارية. عكس الرؤساء الخاملون الذين يؤثرون الأمان والسلامة وتجنب اتخاذ قرار عالي المبادرة والابتكار.

9-القرارات المتعلقة بمشكلة معينة والقرارات المرتبطة بالفرصة السانحة:

يتخذ الرؤساء قرارات لحل مشكلة قائمة أومتوقعة في حين أن آخرون يتخذون قرارات في بعض الأحيان لاغتنام فرصة سانحة للنمو وزيادة الأرباح وتكون قراراتهم إيجابية وابتكارية. وتتوقف درجة استفادة المدير من الفرص السانحة على عدد من الأمور مثل دافعيته لمواجهة المخاطر وقدرته على التصرف والاستفادة من الفرصة عند حدوثها.

10-القرارات حسب مجال العمل أو التخصص:

فهناك على سبيل المثال:

- قرارات إنتاجية: تتعلق بحجم ورقم وجودة الإنتاج.

- قرارات تسويقية: تتحدد بفعل دراسة السوق والإعلان المناسب وطريقة الاسعار.

- قرارات تمويلية: يحددها المدير المالي حول نسب السيولة والنقدية وغيرها.

- قرارات أفراد: تتعلق بالتبعية أو النقل أو الإجازات.

124

مسؤولية صنع القرار في المنظمة:

في أي منظمة لا بد من صنع العديد من القرارات منها ما يتعلق ب

صبغ السلعة أو صيانة الآلات أو يتعلق بالجودة أو علاقات مع العملاء. وبالتالي لا بد من

تطوير وتنمية أساس منطقي لتحديد صاحب السلطة في المنظمة لصنع أي من القرارات.

واحد من الأسس المنطقية في تحديد مسؤولية صنع القرار يعتمد أساساً على عاملين:

الأول: مجال القرار الذي يتم صنعه.

الثاني: مستويات الإدارة.

أما في القرار فيعني ذلك الجزء من كامل المنظمة الذي سوف يؤثر فيه القرار. فكلما كان هذا

الجزء أكبر كلما كان مجال القرار أوسع أما مستويات الإدارة فهي ببساطة مستوى الإدارة الدنيا،

ومستوى الإدارة الوسطى. ومستوى الإدارة العليا.

إن الأساس المنطقي في تحديد صاحب السلطة في صنع أي من القرارات يكمن في: كلما كان

القرار أوسع كلما كان المدير المسؤول عن صنع ذلك القرار أعلى:

الشكل التالي يوضح الأساس المنطقي في تحديد المستوى الإداري لصانع القرار:

الشكل يبين المستوى الإداري المسؤول عن صنع القرار كلما ازداد مجال القرار من (أ) إلى (ب)

إلى (ج).

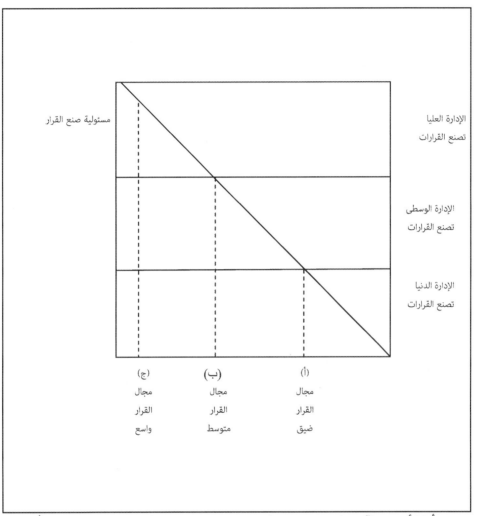

أما الأسلوب الآخر: فهو إسناد وهمة صنع القرار إلى مجموعة حيث يستخدم هذا الأسلوب في الحالات الإدارية المعقدة التي تحتاج إلى تعاون أكثر من شخص للتوصل إلى القرار السليم. كأن تتعلق المشكلة بالسياسات العامة للمنظمة والتي قد تؤثر على العاملين. كما أن المدير قد يطلب الإجماع من المجموعة للتوصل إلى قرار والإجماع عبارة عن موافقة جميع الأعضاء المشاركين في صنع القرار، الإجماع على القرار

126

دون استثناء وعادة يحدث ذلك بعد مداولات ومناقشات من قبل أعضاء المجموعة الذين يمكن أن يكون جميعهم من المديرين أو مزيج من المديرين والمرؤوسين.

يوجد للقرارات التي تتخذ بالإجماع مزايا وعيوب أحد المزايا: إن المدراء يركزون "عدة عقول" على القرار.

من المزايا أيضاً: أن الأعضاء مجموعة القرار يكونون أكثر ميلاً للالتزام بتنفيذ القرار الذين ساعدوا في اتخاذه.

إلا أن العيب الرئيسي للقرارات التي تتخذ بالإجماع أن المناقشات المتعلقة بهذه القرارات تكون طويلة وبذلك تصبح مكلفة[1].

أما فيما يتعلق بالمستوى الإداري الذي يصنع فيه القرار نجد أن النظرية الكلاسيكية في الإدارة تسند عملية صنع القرار إلى مستوى الإدارة الدنيا في المنظمة. باعتبار أنه كلما كان صانع القرار قريباً من موقع العمل كلما اتخذ القرار بسرعة أكبر. وأن شغل وقت رجال الإدارة العليا بمسؤولياتهم الأخرى لا يؤدي إلى اتخاذ القرار السليم. كما أنه من ناحية أخرى إذا اقتصرت مسؤولية صنع القرار في المنظمة على المدراء في الإدارة العليا فسوف لا يؤدي ذلك إلى تنمية المرؤوسين. لكن يجب أن لا يفهم من ذلك أن المدراء في مستوى الإدارة العليا لا يقومون بصنع القرارات.

---

(1) Smauel C. Cetro, Principles of Modern Management - Functions and Systems, Fourth Edition (Boston: Allyn and Bacon , 1989). Pp. 113-114.

عناصر ظروف القرار:

يمكن القول أن هناك ستة عناصر أساسية في ظروف القرار هي [1]:

أولاً: حالة الطبيعة:

يشير هذا العنصر إلى الظروف البيئية لصانع القرار والتي تؤثر على اختياره.

وقد صنفت هذه الظروف إلى ظروف داخلية وظروف خارجية.

من الظروف الداخلية:

أ. مكونات الفرد التنظيمية.

ب. مكونات الوحدات الوظيفية والاستشارية.

ج. مكونات المستوى التنظيمي.

ومن الظروف الخارجية:

أ.   مكونات العميل.

ب.   مكونات المورد.

ت.   مكونات المنافس.

ث.   مكونات الاجتماع السياسي.

ثانياً: صانعو القرار: وهم الأفراد أو المجموعات الذين يقومون بعملية الاختيار الفعلي من بين البدائل.

---

[1] Samuel C. Cetro op. cit PP. 114-116.

ثالثاً: أهداف يتم تحقيقها:

هذه الأهداف يجب أن تكون في غالبيتها أهداف تنظيمية.

رابعاً: بدائل مناسبة:

إن ظروف القرار تتألف عادة من بديلين مناسبين على الأقل. إن البديل المناسب هو البديل الذي يعتبر ملائماً للتطبيق ولحل مشكلة موجودة. أما البدائل التي لا تحل مشكلة قائمة فهي غير مناسبة ويتم استبعادها.

خامساً: ترتيب البدائل:

يجب أن يكون لظروف القرار عملية أو ميكانيكية يتم بموجبها ترتيب البدائل من المرغوبة ألأكثر إلى المرغوبة الأقل وهكذا بحيث يتم ترتيب البدائل والمفاضلة بينها.

سادساً: اختيار البديل:

إن العنصر الأخير في ظروف القرار هو الاختيار الفعلي من بين البدائل للبديل الأفضل الذي يزيد العائد طويل الأجل للمنظمة.

عملية اتخاذ القرارات:

عملية اتخاذ القرارات عبارة عن مجموعة من المراحل المتلاحقة والمترابطة مع بعضها البعض على شكل سلسلة يقوم بها متخذ القرار ومن يساعده وهذه المراحل هي:

1-إدراك وتحديد المشكلة:

على جميع الرؤساء متخذي القرارات أن يكونوا مدركين للمشاكل والفرص السانحة في منظماتهم كمتطلب أساسي نحو اتخاذ قرارات فعالة. ويعتمد إدراك المشكلة

أو الفرصة إلى حد كبير على دافعية الرئيس متخذ القرار نحو إدراكها واستخدام بعض الوسائل المساعدة التي تقدم له العون في سبيل ذلك.

2-تحليل المعلومات والبيانات:

وهذه المرحلة تعني تحليل المعلومات التي جمعت ويمكن القول أن التحليل يعتمد في الوقت الحاضر ليس على الخبرة فحسب بل يعتمد على بعض النماذج الرياضية الكمية وبعض هذه النماذج هي ذات درجة عالية من التقنية قد لا تتوافر لدى متخذ القرار.

3-وضع الحلول البديلة:

فالمقصود بالبديل هنا الحل أو الوسيلة الممكنة المتاحة أمام متخذ القرار. من أجل حل المشكلة أو الاستفادة من الفرصة السانحة. وعليه يمكن القول إن الحل أو البديل هو إمكانية محتملة يمكن أن يعتمد عليها متخذ القرار في عملية التفاعل مع المشكلة أو الفرصة.

وعند وضع الحلول البديلة يمكن لمتخذ القرار أن يقوم بما يلي:

أ.   يبحث عن حلول من خلال تجاربه السابقة لمواقف مماثلة قام بالتفاعل معها في الماضي.

ب.   يقتبس حلولاً ناجحة قام بوضعها الآخرون في مواقف شبيهة.

ج.   يستعين بخبراء استشاريين لديهم حلولاً جاهزة أحياناً .

د.   ابتكار حلول معتمداً في ذلك على خبرته وممارسته العملية.

4-تقييم البدائل وانتقاء الحل المناسب:

حيث تتم المفاضلة بين البدائل من أجل اختيار الأنسب منها. ولا شك أن عملية المفاضلة والتقييم تحتاج إلى معايير تحكم عملية الانتقاء. وعادة قد يكون هناك

معيار واحد أو عدة معايير للمفاضلة بين البدائل. والبديل الأفضل هو الذي تتوفر فيه المعايير ذات الأهمية أو الأوزان الأكثر. وهنا لابد من الإشارة إلى ضرورة تعريف وتوضيح المعايير بشكل واضح ومفهوم لتكون عملية المفاضلة قائمة على أساس صحيح.

5-وضع القرار حيّز التنفيذ ومتابعته وتقييمه:

بعد اختيار البديل يقوم متخذ القرار بشرح قراره للمنفذين ويسمع رأيهم ويرد على استفساراتهم وعليه أن يخلق الرغبة لديهم في تنفيذه ويشعرهم أن القرار قراراهم وهنا يمكن القول أن القرار قد انتقل من السلطة التي اتخذته إلى الجهة المنفذة التي تقوم على تنفيذه ومتابعة تنفيذه.

الأبعاد الشخصية المؤثرة في اتخاذ القرارات الإدارية:

يوجد هناك بعض الصفات الشخصية التي تؤثر في قرارات المديرين التي يتخذونها وتؤدي في كثير من الأحيان إلى نتائج وقرارات مختلفة وهي:

1- مستوى الذكاء: فلا شك أن مستوى الذكاء العالي لدى المدير له تأثير في كفاءة القرارات التي يتخذها وعليه يمكن القول أن الذكاء ذو علاقة إيجابية بأداء المدير أو القائد الإداري.

2- التعليم والخبرة: كلما كان القرار أكثر تعقيداً زادت أهمية أن يكون لدى متخذ القرار ذخيرة كبيرة من المعرفة والخبرة والمعلومات. لذلك يعتبر التعليم والخبرة والمعلومات عناصر أساسية في المساعدة على إيجاد درجة عالية من الرشد في اتخاذ القرارات ويجب ملاحظة أن مستوى التعليم والخبرة غير مرتبط بعدد سنوات الدراسة والممارسة فحسب بل مرتبط

بدافعية الفرد للاستفادة والتعلم واكتساب الخبرة والمهارة فالدافعية هي الأساس في هذا المجال.

3- التصور والإدراك والقيم والاتجاهات: إن الاختلاف في مدى التصور والإدراك بين المديرين يجعل قراراتهم متباينة حيال نفس المواقف والظروف، فالمدير ذو القدرة الجيدة على التصور والإدراك الصحيح للأمور يكون أكثر قدرة على التعرف والإحاطة بالمشاكل والفرص من الآخرين ويكون أكثر قدرة على اتخاذ قرارات أفضل. والاتجاه نحو النزعة أو الميل المسبق لدى المدير نحو تقييم الأشياء بطريقة تتجانس أو تتعارض مع القيم التي يؤمن بها. وهذا بلا شك يؤثر إلى حد كبير في قراره المتخذ. واتجاهات المدير تقوم على عنصري الاعتقاد والعاطفة بحيث يمكن القول معه أن القيم التي يؤمن بها الفرد لا شك أنها هي التي تشكل اتجاهاته نحو المواقف التي يواجهها وتؤثر في قراراته المتخذة حيالها.

4- العوامل الدافعة والعاطفية: ينبغي أن تكون لدى المدير الشجاعة والدافعية والثقة بنفسه أكثر مما لدى غالبية الناس. ليكون راغباً في مخاطرة اتخاذ قرار. والمدير الذي يندفع لاتخاذ قرارات ترضي الآخرين بعيداً عن قناعته وبعيداً عن الموضوعية لا شك أن قراراته ستكون بعيدة كل البعد عن صفة الرشد حيث تبعده الجوانب العاطفية والدافعية عن واجبه الحقيقي عند اتخاذ القرار وتفسد تصوره وإدراكه لحقيقة الأمور.

5- الشخصية: المدير الذي يعرف حقيقة قدراته وإمكاناته ولديه الشجاعة للتصرف سيكون لديه الاستعداد الكافي لاتخاذ قرارات أكثر رشداً من المدير المندفع. فالمدير الذي لا يملك الشجاعة الكافية لحسم الأمور واتخاذ

القرار في الوقت المناسب ويكون شديد الحرص بالتفصيلات التي لا لزوم لها لا شكل أنه سيفقد الفرص وسيترك المشكلات تتردى بسبب حاجته العاطفية للتقليل من المخاطر. إن المدير الذي يدرك ذاته ويسيطر على الشخصية السلبية يستطيع اتخاذ القرار.

أنماط اتخاذ القرارات:

هناك أنماط عديدة تنتهجها بعض المنظمات وبعض المدراء عند القيام باتخاذ قرارات إدارية. من هذه الأنماط:

1- **المركزية واللامركزية:** حيث تتبع بعض المنظمات الاعتماد على الشكل الرسمي والسلطة القانونية أكثر من الاعتماد على عملية اتخاذ القرارات ذاتها وهذه هي المركزية.في حين أن منظمات أخرى تدفع عملية اتخاذ القرار إلى أدنى مستوى إداري وهذه هي اللامركزية.

2- **الاستشارة:** يعتمد اتخاذ القرار هنا على قيام متخذ القرار بأخذ رأي جهة استشارية تقدم له النصح والمشورة للوصول إلى الحل المناسب.

3- **المشاركة:** لقد أثبتت التجارب أنه من الأفضل منح المرؤوس فرصة المشاركة برأيه عند اتخاذ قرار. إن القرار الذي يشترك فيه المرؤوسين ينظر إليه من جانبهم على أنه حصيلة تفكيرهم ولذا يبذلون قصارى جهدهم في العمل لتنفيذه على الوجه الأنسب ويشعرون بمسؤولية تحمل النتائج المترتبة على ذلك القرار وإن كانت المسؤولية الأساسية تقع على رئيسهم. إن المشاركة في اتخاذ القرار وسيلة ناجحة لجعل القرارات أكثر فاعلية فهي تسمح للمرؤوسين أن يحققوا ذاتهم وإشباع احتياجاتهم النفسية وتنمية

قدراتهم. إنه أشبه بنظرية معروفة في الإدارة وهي الإدارة بالأهداف. وتعتمد المشاركة على عدة وسائل يمكن أن يلجأ إليها المدير ومن أهمها عقد اجتماعات مع مرؤوسيه وأسلوب المقابلة الشخصية والاتصال الهاتفي أو الاستفسار الكتابي لتزويده بالمعلومات والآراء والمقترحات التي تساعده على اتخاذ القرار بشكل أنسب.

4- **القرارات الجماعية:** إن من أبرز من طبق هذا النموذج في اتخاذ القرارات هو الإدارة اليابانية التي اعتبرت القرار الجماعي هو أساس ونهج للعمل الإداري داخل المنظمة اليابانية. فبموجب هذا النمط يساهم أكثر من فرد في اتخاذ القرار أي كل من له علاقة مباشرة بموضوع القرار المتخذ بشكل مباشر حيث يكون لكل منهم صوت والأغلبية هي القاعدة التي تحكم اتخاذ القرار وفي هذه الحالة تقع مسؤولية القرار على جميع من ساهم في اتخاذه. وعلى الرغم من انتقاد الطريقة الأمريكية لهذا النمط على أنه يستغرق وقتاً طويلاً في اتخاذ القرار وأنه من الصعوبة بمكان الوصول إلى رأي جماعي إلا أن الواقع العملية في المنظمة اليابانية أثبت غير ذلك وحقق نجاحاً.

فالنمط الجماعي في اتخاذ القرار يحقق منافع كثيرة أهمها:

1- تنوع المعلومات لدى أعضاء الفريق مما يسمح باتخاذ القرار الأفضل.

2- يلقي القرار التأييد الكبير عند تنفيذه.

3- تعزيز الاتصالات والتشاور والنقاش بين جماعة العمل.

4- درجة التنسيق عالية.

5- تنمية روح التعاون والعمل الجماعي.

134

6- رفع الروح المعنوية والانتماء للعمل والمنظمة.

ومن الجدير بالذكر أن نمط المشاركة في القرار يختلف عن نمط القرارات الجماعية فالمسؤولية في نمط المشاركة تقع على الرئيس صاحب السلطة بينما المسؤولية في نمط القرار الجماعي تقع على كل من ساهم في القرار.

5-اللجان: تعتبر اللجان المشكّلة لدراسة موضوع معين أو مشكلة معينة وجمع معلومات عنها وبيان الرأي لاتخاذ القرار المناسب نمطاً من أنماط اتخاذ القرارات وصورة من صور المشاركة.

وهذه اللجان منها ما هو استشاري يقدم الرأي والنصح ومنها ما هو تنفيذي حيث تفوض السلطة الكافية لاتخاذ القرار والمشكلة في عمل اللجان عن اعتمادها على الحل الوسط نتيجة الاختلاف الذي قد يحدث بين آراء أعضاء اللجنة .

إرشادات لجعل القرارات أكثر فاعلية:

يجب على المدير الفعّال أو القائد الفعال أن يصغي إلى مجموعة الإرشادات التالية من أجل قرارات فاعلة:

1-اسأل نفسك الأسئلة التالية:

أ. من الذي سيشارك في اتخاذ القرار ومن الذي سينفذه ومن سيتحمل نتائجه.

ب. ما هي البيانات والمعلومات المتوفرة وما هي البيانات الناقصة وما هي النتائج المحتملة وما هي البدائل.

ج. أين يمكن الحصول على المعلومات والبيانات.

135

د. متى يتخذ القرار بشكل يكون ملائما، ومتى يطلب من المرؤوسين تنفيذ القرار ومتى تبدأ متابعة التنفيذ.

ه. كيف يتم اتخاذ القرار من حيث النمط وكيف يتم شرح القرار وتبليغ تنفيذه للمرؤوسين.

2. لزيادة الموضوعية في القرار حاول أن تتجنب الجوانب الشخصية.

3. من خلال التخطيط الواعي خفض عدد القرارات المحولة من المرؤوسين وحاول أن يقوم المرؤوسين باتخاذ القرارات العادية والروتينية.

4. تابع وبشكل مستمر التغيرات التي تحدث في البيئة الخارجية والداخلية.

5. نحاول قدر الإمكان أن تكون قراراتك قائمة على مبدأ المشاركة والتشاور والتعاون.

6. راعي الوضوح في كل مرحلة من مراحل عملية اتخاذ القرارات سواء عند تحديد المشكلة أو وضع معايير المفاضلة.

7. تأكد من أن المشكلة التي تبحث عن حل لها،هي المشكلة التي ينبغي أن تنال الأولوية في اهتمامك.

8. لا تعتمد على وجود حل واحد للموضوع أو المشكلة التي ستتخذ قرار بشأنها.

9. حاول أن تكون قراراتك إبداعية ابتكارية قدر الإمكان. أي لا تعتمد بشكل أساسي على حلول سبق لك أن تبنيتها في قرارات سابقة إلا عند الضرورة والأهمية.

10. اعتمد على الأساليب الكمية في عمليات تحليل المعلومات والبيانات.

11. تبنى مبدأ المرونة، بمعنى آخر ضع في اعتبارك تعديل القرار إذا لزم الأمر.

12. لا تفترض أن حل المشكلة قد انتهى بمجرد اتخاذ القرار. إذ لا بد من متابعة التنفيذ من أجل التعديل والتكيف مع المستجدات.

13. كوّن لنفسك بنكاً للمعلومات تخزن فيه معلومات متنوعة توفرها لنفسك عند الحاجة والطلب.

14. استفد من أخطاء الماضي وحاول عدم الوقوع فيها ثانية.

15. كن واثقاً من نفسك واجعل لديك القوة والشجاعة على حسم الأمور وعدم تأجيلها وتحمل مسؤولية قرارك.

الفصل السابع

اشتراك العاملين في الإدارة

الفصل السابع

اشتراك العاملين في الإدارة

يعتبر اشتراك العاملين في الإدارة نوع متقدم في الفكر الإداري ويشبه نظرية الإدارة بالأهداف ويشبه كذلك النموذج الياباني في الإدارة الذي يركز على ضرورة أن يكون القرار جماعي وأن تكون هناك مشاركة من العاملين وهذا في الحقيقة يعتبر أيضا أسلوبا إداريا في تنمية مهارات الاتصال في المنظمة للمدراء والعاملين بين بعضهم البعض.

مفهوم اشتراك العاملين في الإدارة[1]:

إن نظام الاشتراك في الإدارة عبارة عن علاقة متبادلة بين طرفين في المنشأة هما الإدارة والعمال بهدف زيادة الإنتاجية بشكل مستمر عن طريق ضمان تأثير القوى العاملة على القرارات التي تتخذ في المشروع بما يؤدي إلى تحقيق التعاون بين العمال والإدارة والتخفيف من حدة الصراع بينهم. وقد يطبق نظام الاشتراك بناء على إلزام قانوني أو بناء على اتفاق رضائي بين العمال والإدارة وقد تكون سلطة جهاز المشاركة تنفيذية أو استشارية. كما أن نظام الاشتراك لا يعتبر مجرد تمثيل طبقي لأصحاب مصالح متناقضة كالعمال والإدارة بحيث أن كل طائفة تحاول تحقيق منافع خاصة لأعضائها عن طريق جهاز المشاركة، لكن نظام الاشتراك يهدف أساساً إلى تحقيق

---

[1] إدارة القوى البشرية في الصناعة، د.منصور فهمي، دار النهضة العربية، القاهرة، مصر، ص 409.

الكفاية الإنتاجية بما يؤدي للنفع المشترك لطرفي جهاز المشاركة بحيث يقومان ببحث مسائل مشتركة واتخاذ قرارات تتعلق بهذه المسائل دون النظر لمدى تأثيرها الطائفي على كل من الجانبين.

والعبرة بنظام المشاركة بمدى الفاعلية التي يحققها النظام في إيجاد حالة من التعاون المشترك بين الطرفين بما يحقق هدفهما المشترك نحو الكفاية الإنتاجية. وليست في دعم نظام المشاركة بحصانات معينة، سواء من ناحية الاختصاصات أو المستوى الإداري الذي يعمل فيه أو نوع القرارات المتخذة.

لذلك فإننا لو انتقلنا إلى واقع التطبيق العملي لنظام اشتراك العاملين في الإدارة في الدول التي آمنت بمفهوم الاشتراك فإننا نجد تفاوتا في تطبيق النظام من دولة لأخرى ويرجع ذلك إلى أن مفهوم الاشتراك في الإدارة تحدده العوامل التالية:

1- النظام السياسي للمجتمع.

2- نظرة مالكي المنشآت لعنصر العمل.

3- موقف القوى العاملة في الوحدات الإنتاجية والمجتمع .

اشتراك العاملين في الإدارة في بريطانيا:

إن تبوأ بريطانيا مركز الصدارة في الثورة الصناعية نتج عنه تصدرها للمركز الرئيسي للاقتصاد العالمي في منتصف القرن التاسع عشر، كما أنها سيطرت بالتالي على جزء كبير من التجارة الخارجية العالمية في ذلك الوقت بوصفها الدولة الصناعية القائدة، إلا أن علاقة أصحاب الأعمال بالقوى العاملة في ذلك الوقت اتخذت شكل الضغط المستمر من جانب أصحاب الأعمال على القوى العاملة متمثلة في فلسفة ذلك العصر في إدارة المنشآت على أساس محاولة خفض أجر العامل إلى أدنى حد ممكن وإدخال

فئات جديدة من القوى العاملة مثل البناء والأحداث بشكل واسع ضماناً لخفض الأجر. بالإضافة إلى اتجاهات أكثر لزيادة ساعات العمل اليومي حتى وصل متوسطها في ذلك الوقت من 12-18 ساعة في اليوم مما أدى بالطبقة العاملة إلى الانضمام في تنظيمات سرية للدفاع عن مصالحهم وتطورت فيما بعد حتى وصلت في شكل تنظيم نقابي مر بمراحل عظيمة من الكفاح حتى وصل تأثيرها إلى تمثيل القوى العاملة في المجال السياسي.

التطورات التي مر بها نظام اشتراك العمال في الإدارة:

نتيجة لضغط النقابات على الحكومة فقد شكلت في عام 1916 لجنة لوضع التوصيات اللازمة لتوفير التحسين المستمر في العلاقات بين أصحاب الأعمال والعمال وقد شكلت هذه اللجنة برئاسة ويتلي Whitely وقد انتهت اللجنة إلى توصيات في هذا الصدد، أهمها ضرورة تشكيل مجالس صناعية مشتركة بحيث تمثل هذه المجالس الإدارة والعمال في المنشأة. وقد قوبل هذا الاقتراح بالارتياح من جانب أصحاب الأعمال والحكومة والعمال كما بدأ العمل في نفس العام بالنظام المقترح.

وفي عام 1937 عندما لاحت بوادر الحرب العالمية الثانية بالظهور في المجال السياسي أصدرت الحكومة قرارات بتمثيل العمال في كل اللجان الحكومية التي تعنى بمسائل الوقود والغذاء والدعاية وغيرها.

كما أن إقدام حكومة العمال في عام 1945 على تأميم عدد من الصناعات وتنظيم إدارة هذه الصناعات المؤممة في شكل مؤسسات نوعية وماتلى ذلك من مناقشات داخل الحزب حول الطريقة التي تشكل على أساسها الأجهزة الإدارية لهذه الصناعات، إذ رأى النقابيون بأن يترك لهم (العمال) إدارة الصناعات المؤممة، أما

الاشتراكيون النقابيون فقد كان رأيهم يتمثل في ضرورة الإشراف المباشر من جانب الحكومة على إدارة هذه الصناعات وقد استقر الرأي النهائي على إشراف الحكومة على إدارة هذه الصناعات وإعطاء الإدارة للخبراء المتخصصين مع الاحتفاظ للعمال بتأثيرهم على أجهزة الإدارة عن طريق المجالس الصناعية المشتركة. كما أن من الملاحظ نتيجة أخرى لقرارات التأميم على الجانب المتعلق بالحركة العمالية في انجلترا، إذ أدى ظهور القطاع العام إلى تغيير وجهة النظر النقابية التي كانت تقوم أصلاً على اتخاذ موقف الدفاع عن أعضاءها ضد الإدارة في المسائل الخاصة بظروف العمل والأجر ودخلت مرحلة الرغبة في تطوير مفهوم الدفاع والبعد عن العنف في علاقاتها مع الإدارة وإحساس النقابات بالمسؤولية المشتركة مع الإدارة لزيادة الإنتاج وتطويره.

توصيف الهكيل الحالي لاشتراك العمال في الإدارة:

لا يوجد قانون يلزم المنشآت سواء في القطاع العام أو القطاع الخاص بتكوين لجان مشتركة، بل تركت حرية تكوين مثل هذه اللجان للاتفاق الرضائي بين العمال وأصحاب العمل ويتم تشكيل مثل هذه اللجان من عدد متساوي من ممثلين للعمال والإدارة ويختلف عددهم من منشأة لأخرى طبقاً لطبيعة الصناعة، ولذا يتراوح عدد أعضاء هذه اللجان ما بين 12-100 عضو ويتم انتخاب ممثلي العمال بالاقتراع السري، كما يشترط في كثير من الأحوال أن يكون المرشحون من العمال من أعضاء النقابة، كما يقم العاملين بالمنشأة عند الاقتراع إلى أقسام طبقاً للأعمال التي يؤدونها، أو الأقسام التي يعملون بها أو عضويتهم النقابية، كما يشترط في الشخص المتقدم للترشيح أو الذي يعطي صوته شروطاً من ناحية السن إذ يجب أن لا يقل السن عن 18 سنة ومدة الخدمة لا تقل عن سنة في المنشأة، أما بالنسبة لممثلي الإدارة فيتم تعيينهم بمعرفة

المدير الإداري، وتقوم هذه اللجان بعد تشكيلها بعقد اجتماعات ربع سنوية إلى نصف سنوية لإبداء الرأي في المسائل التي تتصل بالتقدم الصناعي والرفاهية مثل اقتراح الوسائل التي تؤدي إلى تحسين طرق الإنتاج والوسائل التي تؤدي لتحسين العمل داخل المصنع. ولذلك إبداء الرأي في المشاكل التي تعترض برامج التجريب أو التوظيف أوتأمين سلامة وصحة العمال، كذلك تقوم هذه اللجان بمناقشة الخطط المقبلة للمنشأة وإبداء الرأي فيها. ولا يدخل في اختصاص هذه اللجان المسائل المتعلقة بالأمور التي تمس المفاوضة الجماعية والتي تدخل في صميم عمل النقابات.

ويختلف عدد هذه اللجان من منشأة لأخرى طبعاً لحجم المنشأة فالمشروعات الصغيرة يوجد بها لجنة واحدة، أما المشروعات الكبيرة فتوجد بها لجنة رئيسية ولجان فرعية على مستوى الإدارات أو الفروع بل قد يصل الأمر في الصناعات التابعة للقطاع العام أن يمتد تشكيل اللجان إلى مستوى الصناعة عموماً وفي المناطق الإقليمية.

الأسس والمبادئ التي يقوم عليها نظام اشتراك العمال في الإدارة:

يمكن النظر إلى العاملين في المنشآت باعتبارهم مجموعة مترابطة تجمعهم أهداف واحدة بحيث يمكن التنسيق بين هذه الأهداف وخطط المنشأة عن طريق:

1- الاستفادة من أفكار القوى العاملة في رسم خطط وسياسات المنشأة.

2- تقديم الخدمات بما يتفق ورغبات العاملين وبما يؤدي إلى تحقيق الكفاية الإنتاجية.

3- المحافظة على الدور الذي تقوم به النقابات تجاه القوى العاملة باعتبار أن هذا الدور أساسي ومكمل لفكرة الاشتراك في الإدارة وبصفة خاصة وظائف النقابة فيما يتعلق بالمفاوضات الجماعية.

4- إعطاء النقابات دوراً طليعياً في المهام الخاصة بتطبيق مفهوم الاشتراك في الإدارة. إذ تشترط أغلبية المنشآت التي تطبق هذا النظام أن يكون المرشح لعضوية اللجان المشتركة نقابياً.

الفصل الثامن

مهارات الإدارة وفن القيادة الإدارية

الفصل الثامن

مهارات الإدارة وفن القيادة الإدارية

تعتبر القيادة جزءاً من التوجيه الوظيفة الثالثة من وظائف الإدارة حيث يقوم التوجيه على الاتصال والقيادة واتخاذ القرارات وإصدار الأوامر والتحفيز. ولذلك كلما كانت القيادة ناجحة أو كان المدير قائداً إدارياً كلما كان العمل أفضل والنتائج أحسن والأداء أكثر فاعلية فالقيادة الإدارية تقود الأفراد إلى العمل بروح معنوية عالية وتخلق بينهم التعاون والعمل بروح الفريق من أجل إنجاز أهداف المنظمة. لذا يقال كن قائداً وليس مديراً لأن المدير إنما يستمد صلاحياته من التنظيم أي السلطة الرسمية ويكون مفروضا عل الجماعة بل بينما القائد يستمد سلطاته بالإضافة إلى التنظيم يستمدها مما حوله من الأفراد الذين يكنون له الاحترام والطاعة عن رضا لما في شخصيته من كفاءة وجاذبية للأفراد وبالتالي القائد الفعّال أفضل من المدير الفعال وليس كل مدير قائداً ولكن كل قائد مديراً.

مفهوم وتعريف القيادة:

إن القيادة هي ذلك العنصر الإنساني الذي يجمع مجموعة العاملين ويحفزهم إلى تحقيق أهداف التنظيم[1].

Harold Koonts, Management (London: McGraw-Hill International book Co., 1980) p. 662 [1]

ويمكن تعريف القيادة: على أنها العملية التي عن طريقها يتم التأثير على الأفراد لجعلهم يرغبون في تحقيق أهداف المجموعة [1].

وقد أورد آخرون تعريفاً للقيادة على أنها توحيد لسلوك الآخرين نحو غرض معين.

ومعنى ذلك أن القائد مسؤول عن تنسيق جهود ونشاطات أعضاء المجموعة التي يقودها لتحقيق هدف مشترك [2].

ويعتبر دور القيادة أساساً في عملية التوجيه وذلك لما للقائد الإداري من تأثيرات على مجريات الأمور في أي تنظيم سواء كان ذلك التنظيم صغيراً أم كبيراً. فالقيادة الإدارية الناجحة أساس ضروري لأي تنظيم بدءاً بالأسرة مروراً بالجماعة ووصولاً إلى الدولة أو مجموعة الدول. فرغم تقاسم الأدوار الوظيفية والانتقال من أسلوب القيادة الفردية في الإدارة نحو القيادة المؤسسية كأساس للتطور والتقدم إلا أنه يبقى دور مهم يلعبه القائد في حياة واستمرارية ونجاح أية مؤسسة. فمن المهم للإداري أن يجمع بين المواصفات القيادية إلى جانب ما يتمتع به من سلطة قانونية أو الحق الذي يخوله إياه المركز الوظيفي. هذا إذا ما أريد لأي مؤسسة أن تتطور وتتقدم وخاصة في عصر المنافسة الشديدة وزيادة توقعات الجماهير من القيادات على مختلف المستويات فالقائد هو الشخص الذي يقود جماعة أو الذي تنقاد له مجموعة من الناس بشكل طوعي مما يطرح سؤالاً مهماً حول ماذا إذا كان هناك فرق بين مفهومي القيادة والسلطة.

---

[1] مبادئ الإدارة، د. خليل محمد حسن الشماع وآخرون، وزارة التعليم والبحث العلمي،بغداد ، العراق، 1980، ص 298.

[2] الجوانب السلوكية في الإدارة، د. زكي محمود هاشم، ص 235.

وتعتمد السلطة ويستمدها صاحبها من قدرته القانونية التي يخوله إياها مركزه القانوني والوظيفي والمتمثل بحق إصدار الأوامر والتعليمات. فدافع الطاعة من المرؤوسين لصاحب السلطة ليس هو القناعة بصحة أو قوة الأسباب التي تستند إليها التعليمات التي يصدرها بل هو الرغبة في تجنب العقوبات التي يفرضها النظام. أو طمعاً في المكافآت أما مفهوم القيادة فيعني قدرة تأثير شخص ما على الآخرين بحيث يجعلهم يقبلون قيادته طواعية. فالقائد الإداري الناجح هومن يستطيع كسب تعاون العاملين معه وتحقيق التجانس بينهم وإقناعهم بأن تحقيقهم لأهداف التنظيم نجاح شخصي لهم وتحقيق لأهدافهم.

ويرى بعض الكتاب أن القيادة الإدارية شأن الإدارة نفسها ليست موهبة أو فناً فقط بل تستند إلى قواعد ومبادئ أساسية يجب على المدير أن يتسلح بها حتى ليصل لوضع قيادي يمكنه من التأثير في الآخرين وتغيير سلوكهم الإداري بالشكل المرغوب فيه. ويمكن للقيادة أن تأتي من خلال إبداع الفرد وشهرته في مجال ما. وبالتالي فهي تستند إلى الخبرات والقدرات الذهنية التي تجعل من القائد مصدر إعجاب وقدوة.

والقيادة هي محصلة تفاعلات Interactions بين فرد وجماعة[1]. وهذا يؤكد على أهمية فهم صفات الناس الذين نتعامل معهم، حتى يمكن إدراك ما يؤثر فيهم. ويجعلهم يتوجهون الوجهة المطلوبة في نمط سلوكهم والتي يتوخاها القائد.

نظريات القيادة:

لقد نشأت نظريات عديدة في تحديد ماهية القيادة وكيفية اكتسابها فمن تلك النظريات ما يرد القيادة إلى صفات وخصائص الشخص القائد فيما هنالك نظريات

(1) مبادئ الإدارة، د محمد قاسم القريوني، دار وائل، عمان، الأردن، 2001م، ص 285.

تردها لسلوك القائد وهنالك من يقول أنها الموقع الذي يجد القائد نفسه فيه ويمكن إنجاز هذه النظريات على النحو التالي[1]:

1-نظرية السمات أو خصائص القائد:

إذ تعيد هذه النظرية القيادة إلى صفات أو سمات شخصية تتوافر في القائد، مثل الثبات والبسالة والإقدام والجرأة والمهارة في اتخاذ القرارات ولقد سميت هذه النظرية بنظرية الرجل العظيم (The great Theory). كما يرى أعضاء هذه النظرية القيادة من كونها هبة من السماء لشخص القائد. ويعاب على هذه النظرية أنها لا تأخذ بالحسبان الموقف الذي يجد فيه القائد نفسه، إذ ليس هناك صفات ثابتة تحدد طبيعة القائد في كل الأوقات[2].

ولم يتفق حتى واضعوها على السمات التي يجب أن تتوفر في القائد ليكون قائداً[3].

2-نظرية سلوك القائد:

بسبب عجز نظريات السمات عن تقديم وتحديد سمات القائد برزت نظريات توجهت لدراسة سلوك القائد وهو يمارس العمل الإداري من هذه النظريات:

أ.نظرية الشبكة الإدارية:

وهي إحدى نظريات مدرسة تنمية التنظيمات من المدارس السلوكية.

---

[1] أساسيات في الإدارة، د. سليمان اللوزي وآخرون، دار الفكر، عمان، الأردن، 1998، ص 98.

[2] المفاهيم الإدارية الحديثة، د. فؤاد الشيخ سالم وآخرون، شركة دار الشعب، عمان، الأردن، 1982، ص 146.

[3] نظرية المنظمة، د. حسن الدكاك، ص 250.

وتحدد الشبكة الإدارية خمسة أنماط مختلفة للقيادة تحوم حول قطبين هما الاهتمام بالإنتاجية والاهتمام بالأفراد وقد طور هذه النظرية كل من (روبرت بليك) و (جين موتون).

ب.نظرية ليكرت The Lickert system

لقد ميّز ليكرت أربعة أنماط للقيادة:

1- نمط تسلكي يتميز به القادة كونهم لا يميلون للتفويض ولا يثقون بالمرؤوسين.

2- نمط نفعي وهو نمط يسمح بالمشاركة في اتخاذ القرار ولكنه يميل إلى أن يكون ذلك تحت إشرافه.

3- نمط استشاري يتميز بثقة ملموسة بين القائد ومرؤوسيه.

4- نمط يتصف بكونه مشاركة تفوق وتتعدى الاستشارة ويتصف بثقة عالية بين القائد ومرؤوسيه وتبادل في المعلومات.

ويضيف ليكرت أن القادة الذين يسلكون النمط الثالث والرابع يتصفون بإنتاجية عالية[1].

ج.نظرية الخط المستمر في القيادة[2]: Continuety leadership

وهي نظرية تصور خطأ متدرجاً بين حرية المرؤوسين في اتخاذ القرار وسلطة القائد.

---

(1) Mass E.and J. Douglas: A contemprory Introduction (Englewwod: printice hall INC., 1981) p[337.

(2) Donnalley J.ET AL, Fundemantals of Management Functions (Texas business publishing 1970) p 192.

وتتدرج الأساليب القيادية في سبعة أنماط بداية من الأسلوب القيادي المتسلط إلى أسلوب القائد الديموقراطي والذي يركز على الأفراد.

ويمثل الشكل التالي خط سلوك القيادة:

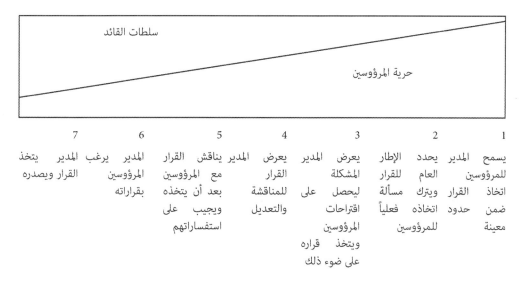

1	2	3	4	5	6	7
يسمح المدير للمرؤوسين اتخاذ القرار ضمن حدود معينة	يحدد الإطار العام للقرار ويترك مسألة اتخاذه فعلياً للمرؤوسين	يعرض المدير المشكلة ليحصل على اقتراحات المرؤوسين ويتخذ قراره على ضوء ذلك	يعرض القرار للمناقشة والتعديل	المدير يناقش القرار مع المرؤوسين بعد أن يتخذه ويجيب على استفساراتهم	المدير يرغب المرؤوسين بقراراته	المدير يتخذ القرار ويصدره

ويعاب على نظريات سلوك القائد أنها تجعل العمل القيادي وفق فلسفة القائد في اتخاذ النمط القيادي للموقف الذي يحتم سلوكاً معيناً.

3-نظرية المواقف:

فبعد أن عجزت نظريات السمات ونظريات سلوك القائد من إعطاء الجواب الشافي الذي يحدد النمط القيادي. برزت دراسات مختلفة تركز على أن القائد الناجح هو ذلك القائد الذي يستطيع أن يلائم بين ما يقتضيه الموقف. فالموقف الذي يوجد فيه

الفرد هو الذي يحدد إمكانياته القيادية ومما يدلل على ذلك إحراز القادة في مواقف معينة نجاحاً باهراً وفشلهم في مواقف أخرى

والموقف عند هؤلاء المنادين بنظرية المواقف يشمل القائد ذاته وجماعته المباشرين وزملاء العمل ورؤسائه وأناس آخرين لهم علاقة بالعمل. وعند هؤلاء أن القيادة ليست موهبة بل هي موقف يتفاعل به القائد وجماعته والظروف.

وتتلخص هذه النظرية بالقول "إن القائد الناجح هو ذلك القائد الذي يستطيع تغيير سلوكه وتكيفه بما يلائم الجماعة من خلال وقت محدد لمعالجة موقف معين ومن هذه النظريات نظرية فدلر.

نظرية فدلر في القيادة:

تعتبر نظرية فدلر من النظريات الموقفية حيث أنكر فدلر وجود أسلوب واحد من القيادة. وقال إن الموقف القيادي له الأثر الكبير على قرار القائد والموقف يتأثر بالعوامل التالية[1]:

1- قوة مركز القائد: إذ أن قوة مركزه ومساندة رؤسائه له وصلاحياته في محاسبة المرؤوسين يسهل عملية القيادة.

2- طبيعة العمل: وهذه أيضا تحدد الموقف القيادي فالأعمال الروتينية تسهل عملية القيادة.

3- علاقة القائد بمرؤوسيه: إذ أن العلاقة الشخصية بين القائد ومرؤوسيه علاقة تؤدي إلى الاعتراف به كقائد وبذلك تسهل عملية القيادة.

---

(1) F.E.Fiedller, A Theory of Leadership Effectivness (N.Y: McGraw-Hill Col. 1967) p8.

أساليب القيادة:

يمكن التمييز بين أساليب قيادية ثلاثة هي [1]:

- الأسلوب الفردي في القيادة أو القيادة الأوتوقراطية Autocratic leadership.

- الأسلوب الديموقراطي في القيادة أو القيادة الديموقراطية Democratic leadership.

- الأسلوب المتساهل في القيادة أو القيادة الرخوة Loose Leadership:

القيادة الفردية الأوتوقراطية

يعتبر الفرد مركز اتخاذ القرارات ولا يعطي اهتماماً لآراء غيره من المرؤوسين وذلك قد يأخذ عدة أشكال هي:

- الفردية المتشددة: يستخدم القائد هنا التأثيرات السلبية والعقابية بدرجة كبيرة ولا يعتمد على أي نوع من المشاركة.

- الفردية الخيّرة: يستخدم القائد هنا وسائل ترغيبية كالثناء والمديح ولا يلجأ للأساليب العقابية ويلجأ أحياناً لإشراك العاملين في اتخاذ القرارات.

- الفردية التي تعتمد المناورة والاحتواء: يعتمد القائد هنا على إيهام المرؤوسين بأنه مهتم بهم ويعطي قيمة كبيرة لآرائهم وإشراكهم في اتخاذ القرارات رغم أنه يكون قد اتخذ مسبقاً القرار لوحده.

([1]) المفاهيم الحديثة في الإدارة، د. محمد قاسم القريوتي، و. مهدي حسن زويلف، عمان، الأردن، 1993، ص 76-80.

القيادة الديموقراطية:

لا يصدر القائد في ظل هذا النمط القيادي الأوامر إلا بعد مناقشة الأمور محل البحث مع ذوي العلاقة وتتم القيادة من خلال الترغيب وليس التخويف ومن خلال اعتماد المشاركة وليس احتكار سلطة إصدار القرار. فالقائد في ظل هذه القيادة يستشير المرؤوسين ويشركهم في اتخاذ القرار. إلا أن توجيهه ورقابته لازمتين في توجيه وترشيد المناقشات ولا يستلزم العمل في ظل هذه القيادة تواجد القائد ومراقبته الدقيقة للعاملين. وتنعدم روح العداء بين العاملين أو تكون بسيطة جداً إن وجدت بين العاملين في التنظيم.

القيادة المتساهلة (الرخوة)

يتميز هذا الأسلوب بتنوع السلوك وتذبذبه إذ يكتنف أساليب القيادة مظاهر الهزل والتسيب ورغم حرية العاملين وتساهل الإدارة فإن رضا العاملين عن أعمالهم يكون منخفضاً بالمقارنة مع أنواع القيادة الأخرى. لأن التساهل والتهاون يثبط من عزيمة الناشطين الذين قد يرون أن تقدير الإدارة لهم لا يختلف عن تقديرها للكسالى منهم. وقد يكون التساهل كبير إلى حد أن يترك فيها القائد سلطة اتخاذ القرارات للمرؤوسين ويصبح في حكم المستشار .

العوامل التي تؤثر في اختيار أسلوب القيادة

هناك مجموعة عوامل تؤثر في اختيار أسلوب القيادة منها عوامل تخص القائد وعوامل تخص المرؤوسين وعوامل تخص الموقف أو البيئة أو الضغوط الزمنية.

157

العوامل التي تخص القائد

- إن من الأمور التي على أي قائد أن يأخذها في الاعتبار هو مدى ثقته بالآخرين ومدى تحملهم المسؤولية.

- القيم التي يؤمن بها القائد مثل إيمانه بمشاركة المرؤوسين في اتخاذ القرار أو العكس.

- ميل القائد لفلسفة قيادية معينة يشعر بالراحة في اتباعها.

فقد يهوى القيادة التسلطية أو الأتوقراطية وقد يهوى القيادة الديموقراطية والمشاركة وهكذا.

العوامل التي تتعلق بالمرؤوسين:

يمكن أن تتباين القدرة عند المرؤوسين على مواجهة المواقف واتخاذ القرارات الإدارية فقد يميل البعض إلى الاستقلال والبعض الآخر إلى الاعتماد أو التردد في اتخاذ القرارات وقد يتباين البعض في درجة تحملهم للمسؤولية.

ظروف البيئة:

بقصد بذلك بيئة العمل عموماً وبيئة المنظمة والقيم والتقاليد التي يشير إليها وتؤمن بها على وجه الخصوص. إذ تلعب هذه العوامل أثراً كبيراً في نوع النمط القيادي المتبع. إذ لا يستطيع القائد أن ينحرف عما اعتادت عليه المنظمة من نمط قيادي وإلا واجه متاعب وصعاب كما أن موقع المنظمة الجغرافي يلعب دوراً مهماً. كما أن نوع الجماعة وعاداتها وتقاليدها وسلوكها تلعب دوراً في اختيار أسلوب القيادة.

الموقف:

يؤثر الموقف على نوع الأسلوب المتبع في القيادة.

إذ لا تشجع المواقف الصعبة القادة على إتاحة المجال للمشاركة. وخاصة إن كانت تلك المواقف خارجة عن نطاق إمكانيات المرؤوسين في تقديم ما يمكن أن يفيد لحلها.

الضغوط الزمنية:

تلعب الضغوط والحاجة الملحّة لاتخاذ القرار دوراً في ميل الرئيس إلى الانفراد بإصدار القرارات دون الرجوع إلى مشاركة الجماعة.

مصادر القيادة

تعتبر القيادة محصلة مزيج من العناصر الشخصية وأخرى تخص القائد وأخرى جماعية تتعلق بالمرؤوسين وطبيعة نظام المنظمة.

إلا أن هذا لا يمنع من القول أن هنالك مصادر لقوة القيادة. منها السلطة التي يعطيها المركز الوظيفي للشخص. وأخرى صفات القائد نفسه، وذلك على النحو التالي:

المصادر الرسمية والسلطة:

تتبلور هذه المقدمات القيادية بسلطات القائد في القدرة على توقيع الجزاء والعقاب وإعطاء المكافآت إذ أن خوف الفرد من عقوبة مخالفة الرؤساء أو توقعه للحصول على الثواب منهم عند إطاعته لهم من العوامل الهامة في قوة القيادة.

ولذا فإن المركز الوظيفي يشكل أحد مصادر القيادة وتتناسب قوة القيادة مع القدر الذي يتمتع به القائد من صلاحيات، ومدى التأثير الذي تحمله تلك الصلاحيات وكذلك فإن مستوى المهارة والفن والخبرة التي تتوافر لدى الفرد وتميزه عن غيره من الرؤساء حيث يقبل مرؤوسيه سلطته اعترافاً بمعرفته وخبرته.

المصادر الشخصية والذاتية:

يضيف اتصاف القائد بالصفات الشخصية المميزة أثراً كبيراً إلى ما يستمده من مركزه الوظيفي.

إن شخصية القائد المحببة للمرؤوسين تشكل مصدراً وإشعاعاً جاذباً لمحبة مرؤوسيه والتزامهم بأوامره وتعليماته كما أن مشاركة القائد لمرؤوسيه وتسهيل عملهم وتوجيههم وتذليل الصعوبات التي يواجهونها في العمل كلها عوامل تؤثر على قدرة القائد على قيادة مجموعته.

الخاتمة

تناولنا في فصول هذا الكتاب والذي عنوانه تنمية مهارات الاتصال والقيادة الإدارية موضوعات إدارية غاية في الأهمية تدور جميعها حول الاتصال والقيادة الإدارية وهما من ضمن وظيفة الإدارة الثالثة وهي التوجيه. لذلك كان لزاماً علينا أن يكمون صدر الكتاب بعنوان المدخل الشمولي والمفهوم المتكامل للعملية الإدارية حتى نتمكن من الوصول إلى الاتصال والقيادة الإدارية فعرفنا مفهوم العملية الإدارية والسلطة والمسؤولية ومسألة تفويض السلطة ومركزية ولامركزية السلطة ثم عرّجنا على مفهوم الإدارة والمستويات الإدارية والفعالية الإدارية والكفاية الإدارية وعمومية الإدارة وأهميتها ودورها وعلاقتها بالعلوم الأخرى ثم تعرضنا في فصل آخر إلى وظائف وعناصر الإدارة سواء التخطيط والتخطيط الاستراتيجي أو التنظيم والتوجيه مع إعطاء نموذج عن تكامل عناصر الإدارة أو العلاقات المتبادلة لوظائف الإدارة وكذلك شكل المستويات الإدارية ونموذج هيكل تنظيمي مقترح ثم الوظيفة الرابعة للإدارة وهي الرقابة الإدارية وعرفناها وبيّنا أنواعها وبيّنا القيادة الفعالة ونظام الرقابة الفعال ومعوقات الرقابة وعوامل نجاحها. ثم تناولنا فصل إداري له علاقة بمهارات الاتصال والقيادة وهو مهارات إدارة التغيير ومفهوم إدارة التغيير والتغير في الفكر الإداري ومراحل إدارة التغيير. ثم انتقلنا إلى مهارات الإدارة في الأزمات وبينا مفهوم وتعاريف الأزمة مع نماذج على أزمات وكوارث ودور الإدارة فيها ثم بيّنا مفهوم إدارة الأزمات ومراحل إدارة الأزمة وتطور الأزمة وفريق الأزمة وأساليب التعامل مع الأزمة ومتطلبات نجاح إدارة الأزمة ووصلنا بعد ذلك في حديثنا إلى مهارات الإدارة في الاتصال حيث بيّنا مفهوم الاتصال وأهمية الاتصال وإدارة الوقت كوسيلة للتخطيط للاتصال وعناصر الاتصال ومستويات الاتصال ووظائف الاتصال وأهداف عملية الاتصالات الإدارية ودور المدير الفعال والقائد الفعال في الاتصال ومحددات عملية الاتصال والمدير الفعال وعملية الاتصال ونطاق الإشراف والمدير الفعال ووسائل

161

الاتصال الرئيسية والاتصالات الشفوية والكتابية والحركية وأشكال الاتصالات الإدارية العمودية والصاعدة والأفقية والشبكية ثم تحدثنا عن الاتصال الفعال ومعوقات الاتصال الفعال وطرق التغلب عليها وفاعلية الاتصال والاتصال المتعاطف إلى أن وصلنا إلى موضوع إداري هام له علاقة بمهارات الاتصال وهو موضوع مهارات الإدارة في اتخاذ القرارات حيث قمنا بتعريف اتخاذ القرارات والقرار الإداري وعملية اتخاذ القرار الإداري وعناصر القرار وخطوات اتخاذ القرار الإداري والمشاكل التي تصادف الإدارة في عملية اتخاذ القرار وأهمية اتخاذ القرارات وعناصر عملية اتخاذ القرارات الإدارية وأنواع القرارات ومسؤولية صنع القرار في المنظمة وعناصر ظروف القرار وعملية اتخاذ القرارات ومراحل اتخاذ القرارات والأبعاد الشخصية المؤثرة في اتخاذ القرارات الإدارية وأنماط اتخاذ القرارات ثم طرحنا مجموعة من الإرشادات لجعل القرارات أكثر فاعلية.

وأفردنا فصلاً خاصاً عن اشتراك العاملين في الإدارة كوسيلة ومهارة اتصال إداري وبيّنا مفهوم اشتراك العاملين في الإدارة وعرضنا كنموذج على ذلك اشتراك العاملين في الإدارة في بريطانيا ثم التطورات التي مر بها نظام اشتراك العمال في الإدارة ووصف الهيكل الحالي لاشتراك العمال في الإدارة ثم الأسس والمبادئ التي يقوم عليها نظام اشتراك العمال في الإدارة.

وأنهينا فصول هذا الكتاب في موضوع إداري هام وهو مهارات الإدارة في القيادة الإدارية، حيث بيّنا مفهوم القيادة والقيادة الإدارية والعلاقة والفرق بين المدير والقائد وأهمية القيادة وأنماط القيادة وأنواعها ومهارات القائد الإداري الفعال ونظريات القيادة ودور القيادة في إنجاز الأعمال. لقد أردنا أن نوصل القارئ إلى مهارات جديدة تساعده في فهم العملية الإدارية عموماً ومهارات الاتصال والقيادة الإدارية وتنميتها عموماً.

الكاتب

المصادر والمراجع

1- برنتشر، مايكل، السلوك في الأزمات الدولية، المجلد 21، آذار، 1977، ص 41.

2- برنوطي، سعاد نائف، الأعمال: الخصائص والوظائف الإدارية، دار وائل، عمان، الأردن، 2001.

3- البواب، أحمد إسماعيل، العلاقات العامة وإدارة الأزمات، صنعاء، اليمن، 1998.

4- توفيق، حسن أحمد، الإدارة العامة، دار النهضة العربية، القاهرة، مصر، 1967.

5- الدكاك، حسن، نظرية المنظمة، ص 250.

6- الدهان، أميمة، نظريات منظمات الاعمال، ط1، 1992، ص 211.

7- سليمان، حنفي محمود، السلوك الوظيفي والأداء، دار الجامعات المصرية، القاهرة، مصر، (دون تاريخ).

8- شاويش، مصطفى نجيب، الإدارة الحديثة مفاهيم، وظائف، تطبيقات، دار الفرقان، عمان، الأردن، 1993.

9- الشماع وآخرون، خليل محمد حسن، مبادئ الإدارة، وزارة التعليم والبحث العلمي، بغداد، العراق، 1980.

10- الشماع، خليل محمد حسن، وآخرين، مبادئ إدارة الأعمال، دار الكتاب، الموصل،العراق، 1985.

11- شمو، علي محمد، الاتصال الدولي والتكنولوجيا الحديثة، دار القومية العربية للثقافة والنشر، القاهرة، مصر.

12- الشيخ سالم وآخرون، فؤاد، المفاهيم الإدارية الحديثة، شركة دار الشعب، عمان، الأردن، 1982.

13- عبد الباقي، زيدان، الاتصال والإدارة، مجلة الإدارة العامة، العدد 34، ص 67، 1979.

14- عبد الفتاح وآخرين، قيس سعيد وآخرين مدخل في نظم المعلومات الإدارية والاقتصادية، مطابع مديرية الكتب للطباعة والنشر بجامعة الموصل، العراق، 1981.

15- العطروزي، محمود فهمي، العلاقات الإدارية في المؤسسات العامة والشركات، دار عالم الكتب، القاهرة، مصر، 1969.

16- عقيلي، عمر وصفي، الإدارة وأصول وأسس ومفاهيم، دار زهران، عمان، الأردن، 1997.

17- علوي، مصطفى، التعريف بظاهرة الأزمة الدولية، الفكر الاستراتيجي الغربي، العدد 19، كانون ثاني، 1987، ص 157.

18- فهمي، منصور، إدارة القوى البشرية في الصناعة، دار النهضة العربية، القاهرة، مصر.

19- القريوتي، محمد قاسم وزويلف، مهدي، المفاهيم الحديثة في الإدارة، دار الشروق، عمان، الأردن، 1999.

20- القريوتي، محمد قاسم، السلوك التنظيمي، دار الشروق للنشر والتوزيع، عمان، الأردن، 2000م.

21- القريوتي، محمد قاسم، دار وائل، عمان الأردن، 2001.

22- القريوتي، محمد قاسم، وزويلف، مهدي حسن، المفاهيم الحديثة في الإدارة، عمان، الأردن، 1993.

23- قطيش، نواف، إدارة الأزمات، دار الراية، عمان، الأردن، 2009.

24- اللوزي، سليمان وآخرين، أساسيات في الإدارة، دار الفكر، عمان، الأردن، 1998.

25- مراد، فيصل فخري، مبادئ الإدارة، الجامعة الأردنية، عمان، الأردن، 1983.

26- المنيف، إبراهيم عبد الله، الإدارة، المفاهيم والأسس والمهام، دار العلوم، الرياض، المملكة العربية السعودية، 1980.

27- هاشم، زكي محمود، الجوانب السلوكية في الإدارة، ص 235.

28- هواري، سيد، الإدارة المالية، جامعة عين شمي، القاهرة، مصر، 1969.

29- Brain L. Hakins and Paul Preston, Management Communication (Santa monica, California: Good year publishing company, Inc 1981) page 27.

30- Donald C. Mosley and Paul H. Peitri Management: The art of working with and through people (Encino, Calif: Dickenson 1975) pp. 29-34.

31- Donnalley J. ET AL, Fundamantals of Management Functions (Texas business publishing 1970) p. 192.

32- F.E. Fiedller, A Theory of Leadership effectiveness (N.Y: McGraw-Hill 1967). P. 8.

33- Frank Friendland and L. Dave Brown. "organization development in Karl O. Magnusesn" organizational design, development and behavior , Glenview-Scott Forseman and company 1977 p. 312.

34- Harold Koonts, Management (London: NcGraw-Hill international book Co., 1980). P. 662

35- Hawkins and Preston, Managerial communication pp. 263

36- Mass E. and J. Douglas: Acontemprory Introduction (Englewwod: princtice Hall INC, 1981) P. 337

37- Peter F. Drucker, "Management's New people". Harvard Business review (November/ December 19690. P. 54.

38- Samuel C. Cetro, Principles of Modern Management – Functions and systems, fourth edition (Boston., Allyn and Bacon, 1989) pp. 113-114

39- Samuel C. Cetro, Principles of Modern Managmeent Functions and Systems, Fourth Edition (Boston: Allyn and Bacon 1989) p. 8.

40- Stephen P. Robbins, Organizational Behaviour New Jersey printice – Hall International 1988 p. 325-328.

41- Tannen Baun. R. Washer and F. Massarik, - organization (N.Y: McGraw-Hill Books 1961) p. 297

تم بحمد الله